FL

40 or

androgyny

Pain - atypical here

H₂O v. rare if Pancreas inv

asymptomatic

CHAMPION CLASSIQUES
Collection dirigée par Claude Blum
Série « Moyen Âge »
sous la direction d'Emmanuèle Baumgartner et de Laurence Harf-Lancner

LE CONTE DE FLOIRE
ET BLANCHEFLEUR

Dans la collection *Champion Classiques*

Série « Moyen Âge »
Éditions bilingues

1. THOMAS, *Le Roman de Tristan* suivi de *La Folie Tristan* de Berne et de *La Folie Tristan* d'Oxford. Traduction, présentation et notes d'Emmanuèle Baumgartner et Ian Short, avec les textes édités par Félix Lecoy.
2. ROBERT D'ORBIGNY, *Le Conte de Floire et Blanchefleur*, publié, traduit, présenté et annoté par Jean-Luc Leclanche.
3. *Chevalerie et grivoiserie-Fabliaux de chevalerie*, publiés, traduits, présentés et annotés par Jean-Luc Leclanche.
4. RENAUD DE BEAUJEU, *Le Bel Inconnu*, publié, présenté et annoté par Michèle Perret. Traduction de Michèle Perret et Isabelle Weill.
5. THOMAS DE KENT, *Le Roman d'Alexandre* ou *Le Roman de toute chevalerie*. Traduction, présentation et notes de Catherine Gaullier-Bougassas et Laurence Harf-Lancner, avec le texte édité par Brian Foster et Ian Short.
6. GUILLAUME DE BERNEVILLE, *La Vie de saint Gilles*, publiée, traduite, présentée et annotée par Françoise Laurent.

ROBERT D'ORBIGNY

LE CONTE DE FLOIRE ET BLANCHEFLEUR

*Nouvelle édition critique du texte
du manuscrit A
(Paris, BNF, fr. 375)
publié, traduit, présenté et annoté
par
Jean-Luc Leclanche*

CHAMPION CLASSIQUES
HONORÉ CHAMPION
PARIS – 2003

Jean-Luc Leclanche est professeur de philologie romane à l'Université de Limoges depuis 1978. Il a enseigné en France et à l'étranger. Il est l'auteur d'une thèse de doctorat d'Etat sur la tradition de *Floire et Blancheflor*. Il a également publié, en 1980, sa première édition du *Conte de Floire et Blancheflor*, en 1997 le *Roman de Dolopathos* d'Herbert et, récemment, quelques fabliaux de chevalerie. On lui doit aussi une anthologie des chansons populaires grecques en traduction (Gallimard).

© 2003. Honoré Champion Editeur, Paris.
www.honorechampion.com
Reproduction et traduction, même partielles, interdites.
Tous droits réservés pour tous les pays.
ISBN 978-2-7453-0736-1   ISSN 1636-9386

INTRODUCTION

I. Les manuscrits

Le texte du *Conte de Floire et Blanchefleur* est conservé dans trois manuscrits complets (*ABC*) ; un important fragment anglo-normand couvre en outre près de la moitié du récit (*V*) :

A. Paris, BNF, fr. 375, fol. 247 v°b-254 v°a ;
B. Paris, BNF, fr. 1447, fol. 1 r°-20 v° ;
C. Paris, BNF, fr. 12562, fol. 69 r°-89 r° ;
V. Vatican, palat. lat. 1971, fol. 85 r°-90 v°.

Le manuscrit *C* (papier, XVe s.) n'étant qu'une copie tardive et servile du ms. *A*, le choix d'un manuscrit de base doit se faire entre *A* et *B*. Le ms *B* (vélin, Île de France, début du XIVe s., à 3 col.) avait été retenu par Margaret Pelan, en 1937. Ce codex contient, à la suite du *Conte*, la chanson de *Berte aus granz piez* et le roman de *Claris et Laris*[1]. Chacun de ces textes est précédé d'une miniature : celle du *Conte* représente le champ de bataille après la capture de la mère de Blanchefleur, et la présentation de la chrétienne au roi Félix prêt à appareiller (vers 85-106). La comparaison des trois copies *ABV* permet de constater que *B* modifie plus constamment que les autres témoins le style, la syntaxe, le lexique du texte de leur ancêtre commun. *A* et *B* appartiennent cependant à une même famille, celle qui a connu la plus grande diffusion sur le continent européen et que nous appelons *vulgate continentale*. Depuis Édelestand Du Méril, qui a procuré la première édition des deux versions de *Floire et Blancheflor*[2], les éditeurs du *Conte*[3], à l'exception de Margaret Pelan, ont retenu le ms. *A* qui, malgré ses ajouts (jeu de Barbarin

---

[1] Une addition insérée au début du *Conte* fait de Berthe la fille de l'héroïne. Quant à Claris, c'est le nom de la compagne de Blanchefleur dans le ms. *B* (Gloris dans le ms. A).

[2] Bibliothèque elzévirenne, Paris Jannet, 1856 (édition des deux versions). Pour son édition (1844), I. Bekker avait utilisé une copie du ms. *A* prise par le poète Uhland.

[3] W. Wirtz, Frankfurt-am-Main 1937, F. Krüger, Paris, 1937, Leclanche, Paris (CFMA, n° 105), 1980.

et tentative de suicide dans la fosse aux lions, second *planctus* de Floire, sur la mort de ses parents) et malgré de fâcheuses coupures opérées dans le récit de la partie d'échecs, présente un texte sensiblement supérieur à celui de *B*. C'est une copie picarde (velin, 4 col.), effectuée à la fin du XIIIe siècle dans un atelier où exerçaient entre autres Jean Madot[1] (neveu d'Adam de la Halle) et Perrot de Nesle (connu comme auteur de quatre jeux partis et d'une chanson pieuse). Ce dernier a composé un sommaire rimé, aujourd'hui acéphale, des pièces qui constituent cette luxueuse collection d'œuvres narratives profanes ; on y trouve le *Roman de Thèbes*, le *Roman de Troie*, le *Roman d'Athis et Prophilias*, le *Roman d'Alexandre*, le *Roman de Rou*, *Guillaume d'Angleterre*, *Floire et Blancheflor*, *Cligès*, *Érec et Énide*, la *Vieille Truande* (fabliau), *Ille et Galeron*, *Amadas et Idoine*, la *Châtelaine de Vergy*...

Le fragment *V* (velin, 2 col.) ne contient que 1247 vers, qui correspondent à 1482 vers de la présente édition (du v. 133 au v. 1614). Cette copie anglo-normande, de la première moitié du XIIIe siècle, reflète un état ancien du récit, une *vulgate* qu'on peut qualifier d'*insulaire* puisqu'elle est représentée aujourd'hui par ce fragment et par des manuscrits anglais et islandais. Le témoignage précieux de ces traductions en vieux norrois (*Flóres saga ok Blankiflúr*[2]) et en moyen anglais (*Floris and Blauncheflur*[3]) permet de remédier dans une certaine mesure à l'interruption du témoignage de *V* après le v. 1614.

---

[1] Il a copié trois des pièces de cet important recueil factice (dont la seconde partie —celle qui nous intéresse— est pour l'essentiel une compilation de romans) et il a noté la date à laquelle il a achevé sa propre copie du *Roman de Troie* : 2 février 1288. Selon A. J. Holden (Wace, *Le roman de Rou*, t. III, SATF, Paris, 1973, p. 22, n. 2.) l'écriture du scribe qui a copié le *Conte* n'est pas la même que celle des deux personnages nommés).

[2] éd. E. Kölbing, Halle, 1896 (Altnordische Saga-Bibliothek, Heft 5).

[3] éd. E. Hausknecht, Berlin, 1885 (Sammlung englischer Denkmäler in kritischen Ausgaben, Bd 5).

II. Langue et graphies du copiste du ms. *A*

La plupart des traits dialectaux et des pratiques graphiques en usage dans les ateliers picards[1] du XIIIe siècle sont présents dans le ms. *A*[2] :

—emploi du graphème K, qui concurrence 84 fois le signe polyvalent C ou le digraphe QU : *kaitive, kief, akievee, Jake, eskekier* ...

—la bilabiovélaire, notée W (pour une occlusive /g/ du français commun), apparaît dans *waukerans* 1284 (leçon rejetée, anc. fr. commun *gaucranz*) et wivre 1877 (*guivre*). W note un son de transition (glide) dans *owan* 1541.

—la désaffrication qui s'était manifestée très tôt dans le Nord a rendu inutile en finale l'emploi du graphème Z, partout suppléé par S ; Z n'apparaît dans la copie du scribe qu'une fois, pour noter la sifflante sonore (*azur* 1880, mais *asur* 1964), ce qui nous a conduit à l'employer dans la transcription des chiffres romains .XII. et .XV. (*doze, quinze*) ainsi que pour la correction *quinzaine* 388 (ms. *A* : *semaine*).

Les traits caractéristiques de la langue du scribe sont les suivants :

1. Palatalisation de C latin devant *e, i, yod*, et de T devant *yod*, aboutissant à une chuintante notée *c* ou *ch* en picard *lechon* 212, *recheü* 360, *merchi* 410, *cha* 2267, *chi* 3347 (mais le plus souvent le copiste préfère le graphème polyvalent C) ;

2. Maintien des occlusives palatovélaires notées C, K, G devant /a/ latin ou germanique et devant /e/, /i/ germaniques (*cose, gambe,* etc.) ;

3. Yod + ÁTA aboutit à *-ie* (= *-iee* de l'AFC), *passim* ;

---

[1] Sur les scriptæ picardisantes, voy. C. -T. Gossen, *Grammaire de l'ancien picard*, Paris, Klincksieck, 1970.
[2] Le ms. *B* présente une graphie "francienne" ; nous l'avons conservée dans le récit de la partie d'échecs (imprimée en italique).

4. La triphtongue *ieu* (toutes origines) est représentée par *iu* (ou *u*) : *diu, liu, etc* ; FOCU et JOCU par *fu* et *ju* ;

5. Fermeture en *i* de voy. prétoniques ou initiales devant consonne palatale *orison* 910, *livrisons* 942, *okison* 1153, *pisson* 1176... (mais *paveillon* 2363 et 2365) ;

6. Ouverture en *au* des diphtongues *ou* dont le *o* est ouvert (*vaut* pour *volt, vout*, 101, *cauper* 406, *vausis* 1633, *vause* 1824, *taut* 2444...) ;

7. Production d'un *e* de transition (svarabhaktique) *raveras* 1642, *avera* 3144, *saveriés* 3117 ; de même *waukerans* 1284 (ms. *A* seulement) ;

8. Maintien graphique occasionnel d'une ancienne dentale finale *iriet* 284, *cargiet* 355 ;

9. Absence de la plupart des consonnes épenthétiques.

Nous rassemblons ci-dessous quelques échantillons représentatifs des particularités graphiques du manuscrit *A* et signalons les formes correspondantes de la *koinè* francienne :

VOYELLES : *trencie* 807 (anc. franç. com. *trenchiee*), *Diu* 676 (*Dieu*), *basmes* 619 (*bausmes*), *cauper* 406 (*couper*), *taus* 756 (*tous*, de *tolir/toudre*), *valt* 3005 (*vout* de *voloir*), *keute* 1278 (*coute*), *lius* 1196 (*lieus*), *ju* 839 (*jeu, gieu*), *fus* 610 (*feus*), *orison* 910 (*oroison*), *okisons* 1153 (*ocoisons*), *signor* 1 (*seignor*), *consillier* 271 (*conseillier*), *ara* 783 et *avera* 3144 (*avra*), etc.

CONSONNES : *lechon* 212 (*leçon*), *recheü* 360 (*receü*), *merchi* 410 (*merci*), *tierç* 1509 (*tierz*), *cambre* 33 (*chambre*), *marceans* 411 (*marcheanz*), *cose* 263 (*chose*), *kaitive* 293 (*chaitive*, chetive), *kaü* 880 (*cheü*), *parkemin* 268 (*parchemin*), *planke* 1515 (*planche*), *teke* 2693 (*teche*), *seneke* 2659 (*seneche*), *gausne* 559 (*jaune*), *gambes* 862 (*jambes*), *gantes* 1689 (*jantes*), *got* 2494 (*jot*, de *joïr*), *fius* 29 (*fiz*), *eskiu* 760c (*eschif* ; leçon rejetée), *cargiet* 355 (*chargié*), *liut* 2549 (*leü*), *desfulés* 2883 (*desfublez*), *assalent* 89 (*assaillent*), *engenré* 22 (*engendré*), *venra* 1336 (*vendra*), *vaura* 336 (*voudra*), *ensanle* 923 (*ensemble*), *tranle* 879 (*tremble*) etc.

MORPHOLOGIE : elle est fortement marquée elle aussi par les usages du Nord :

—L'article féminin est le plus souvent *le* et, parfois, *li* au CSsg (*li vie* 164 —leçon rejetée—, 573...) ; de même le pronom fém. faible a la forme *le*, le possessif fém. la forme *se* (702) ;

—*no* et *vo* se substituent parfois aux formes communes *nostre* et *vostre* ; à *je* et *ce* sont souvent préférés *jou* et *çou* (= *chou*), à *tuit, tot* ou *tout*, mais, à la rime, *trestuit* est maintenu au v. 1319 ;

—Si le scribe a conservé exceptionnellement des désinences verbales normandes : *truevon* 1099 (leçon rejetée), *mangeron* 1672, il emploie souvent les désinences du Nord et du Nord-Est : *partomes* 1570, *voliemes* 1067, *fesins* 1065, *deduisent* (= *deduistrent*) 2502, *firent passim* et *fisent* 556 (= *fistrent*), *escrisent* 260 (= *escrivent*), *haiç* 775 (*ç* ou *c* note ici une chuintante) (= *haz*), *perç* 2091 (= pert), viç 1541 (= vi), peuç 2751 (= poi), *vauç* 2752 (= *voil*, pf. 1 de *voloir*), *mece* 3348 (= *mete*) ; on relève des futurs à métathèse : *consïerra* 1122, *repaierrés* 2286. Les dés. de 4ᵉ et 5ᵉ pers. *-iens, -iemes, -iés* présentent toujours la synérèse, que l'original occidental ne connaissait pas. La dés. *–ois* de 5ᵉ pers., étymologique ou analogique (*viegnois* 1561), ne vient pas de l'original. Ayant éliminé les imparfaits primitifs en *–ot*, le scribe doit utiliser au v. 2387 la forme analogique *oit* (HABUIT) pour rimer avec *crioit*. On relève des infinitifs analogiques : *tolir* 1795 (*toudre*), *caïr* 2102 (*cheoir*).

—Le texte recèle quelques formations verbales pronominales avec l'auxiliaire *avoir* : *s'a pasmé* 707, *s'a contenu* 1280, *s'a recovert* 2351, *s'a aproismié* 2950, *s'en eüst garni* 1047, *s'ont acolé* 2612, 2614 (mais ici on peut lire *sont acolé*).

SYNTAXE : elle reflète en général le souci propre aux ateliers picards de respecter la flexion bi-casuelle, que l'original occidental négligeait souvent. Les remaniements provoqués par ce souci de correction sont fréquents et parfois importants : ainsi le sujet pluriel *tes dés* au v. 772 (leçon empruntée à *V* ; *B* a omis le couplet) a embarrassé le remanieur et a entraîné la réfection de tout le passage. Au vers 327, le remanieur picard a affublé d'une marque de CS –s la forme de CR *Gaidon* qui assume ici la fonction de sujet (CS *Gaides*), et a mis au pluriel la rime *lechon* (*Guedon* : *leçon*, *B* ; *Gaidun* : *lechun*, *V*). Les exemples de tels aménagements morphosyntaxiques sont assez nombreux. D'une façon générale, le scribe marque volontiers les substantifs masculins d'un morphème analogique -s de CSsg : *li peres* 241, *etc.*) ; l'article sujet féminin est parfois *li* (*li ymage* 573, féminin confirmé par la rime qui précède et par le v. 852).

Le genre peut d'ailleurs hésiter : voy. les occurrences de *grafe* 993, 998-9, 1046. Pour *son per* 1908 au lieu de *sa per* 'sa compagne', il s'agit sans doute d'une neutralisation de l'opposition de genre (sexe) dans l'emploi substantivé de l'adj. *per*.

VOCABULAIRE : Au vers 771, dans le manuscrit *A*, le substantif *pés* (*pec* 'compassion', attesté seulement dans le Nord) s'est substitué à une forme désuète —ou non reconnue— *prez* (CRpl de *prec* 'prière', occitanisme ; ms. *V preicz*). Il s'y ajoute l'entorse au bon emploi des cas, déjà signalée (*tes dés* 772 au CS pl.). Les copistes récents ne connaissaient plus le verbe *meistre* 'verser à boire' que *V* a conservé sous la forme *muissent*, que nous avons graphiée *moissent* (1262, 1264). Le ms. *B* et, indirectement, le ms. *V*, conservent l'adverbe *so(u)dement* 756 'subitement' (*V* : *soudainement*, dans un vers hypermètre), que le scribe picard de *A* a remplacé par l'adverbe, moins opportun dans le passage, *soutiument* ; *sodement* est bien attesté dans les textes de l'Ouest, mais semble absent des textes du Nord. Ce ne sont là que quelques exemples des effets de l'inévitable adaptation du vocabulaire : on sait que les scribes remplacent les termes qui pour eux ou pour leurs lecteurs sont obsolètes ou exotiques.

Au v. 80, le manuscrit donne en clair *cevaliers*, alors que l'on a partout ailleurs *ch'r* ou *ch'rs* pour *chevalier(s)* : faut-il justifier cette exception par le sens de 'cavaliers' que le contexte confère ici à ce mot, et lire, en accord avec la phonétique du picard, *kevaliers*, la lecture *chevalier(s)* convenant mieux pour la désignation du *miles* chrétien ? La réponse ne saurait être tranchée, du fait de la polyvalence du signe *c,* dans la *scripta* picarde, et il est admis d'autre part que la forme *chevalier* (avec chuintante initiale) s'était imposée sur toute l'aire d'oïl.

III. Langue, patrie et nom de l'auteur

L'étude des rimes de l'original fondée sur la comparaison des parties du texte qui sont communes à *ABV* met en évidence les traits suivants :

1. Présence de quelques rimes de *é* à *ié*, contre la *loi de Bartsch*. Assez nombreuses dans la copie anglo-normande mais absentes de *AB*, elles ne fournissent qu'un témoignage fragile. Il semble cependant qu'au moins deux d'entre elles remontent à l'original : *V* 1433-6 *afferrer* (= *afuerrer*, réfection d'*aforrer*) : *manger* (= *mangier*) :

> *Li chamberlains fait les trusseaus*
> *deschargier, et puis les chevaus*
> *bien astabler et afferrer*
> *et de litere et de manger.*

La leçon de *V afferrer* 'affourrager', est supérieure à celles que donnent *AB*, dont les scribes ont dû vouloir supprimer la rime aforrer : mangier, à leur sens incorrecte. Quant à la rime des vers 1209-10 (omis par *A*), nous l'avons empruntée à *V entamer : naer* (= *neiier*) : elle est appuyée par la *Flóres saga* et par le *Floris* en moyen anglais ; elle a entraîné une réfection médiocre dans *B* (*entamer : encombrer*).

2. Maintien de la distinction entre /a/ nasal et /e/ nasal (*passim*).

3. Devant /l/ palatal implosif, après /e/, création d'une diphtongue de coalescence /ei/, suivie d'une disparition du /l/ : 1591-92 *conseillt : vuleit* (ms. *V*), rime que *A* a banalisée en *conseut : veut.*

4. Le latin DEBES est représenté par *deiz*, qui rime avec *dreiz* au v. 1003-4 (*A : dois : drois*).

5. Les verbes du premier groupe ont conservé l'imparfait en –*ot*. Une seule exception : *seit* : *desireit* (*A* 1607-8 : *soit* : *desiroit*). Les exceptions relevées dans *A* et *B* sont dues à l'intervention des remanieurs.

6. Le flexion bi-casuelle est mise à mal. Les formes de cas régime sont fréquemment employées en fonction de sujet ou d'attribut du sujet. Les remanieurs des mss *AB* ont souvent corrigé les passages où apparaissent ces entorses à la déclinaison (voy. cependant les couplets 1463-4, 1747-8).

Le trait 5 est propre à la langue d'oïl de l'Ouest, qu'on désigne globalement par le terme *normand*. Avant même que fût connu le manuscrit anglo-normand *V*, Joachim Reinhold[1] avait relevé ce trait sous les graphies de *AB* qui le masquent. Le trait 2 est commun à l'Ouest et au Nord. Le trait 3 est lui aussi occidental et semble limité à la partie méridionale de cette aire. Il en va de même du trait 4. Les traits 1 et 6 ne sont pas, comme il est dit parfois, uniquement anglo-normands : on les relève au milieu du XIIe siècle dans des textes qui proviennent du Sud-Ouest du domaine d'oïl ; s'ils se font plus rares par la suite, c'est sous l'influence de la *koinè* littéraire qui tend à se former à partir de traits communs aux dialectes du Nord, du Centre et de l'Est, plus conservateurs que le normand. Il est clair que l'auteur utilisait une langue peu marquée, si ce n'est de quelques traits occidentaux, disons même propres à la région du bassin de la basse Loire, où ont vu le jour les romans antiques. Il est en tout cas inutile de supposer une quelconque influence du milieu anglo-normand, comme le voulait Reinhold. Si l'on cherche à localiser plus précisément la patrie de l'œuvre ou de son auteur, il faut retenir d'autres indices. Ainsi le détournement de la locution *avoir l'ostel saint Julien* au bénéfice de saint Martin (v. 1268) et le nom même du héros, Floire —nom que la légende, depuis le Pseudo-Grégoire de Tours, attribuait à saint Martin avant sa

---

[1] Voy. : *Floire et Blancheflor. Étude de littérature comparée*, Paris, Larose/Geuthner, 1906, et deux publications (en polonais) dans les *Travaux de l'Académie des Sciences de Pologne* (section philologique) de 1915 (n° 54) et 1927-8 (n°62).

conversion—, nous orientent-ils vers Tours, la cité martinienne. Cela permet peut-être de donner au nom de *Ruoprecht von Orbênt* —qui est, selon Conrad Fleck[1], celui de l'auteur du poème français original— une forme française : *Robert d'Orbigny*[2].

IV. Sources, composition, date

L'auteur de *Floire* avait sans doute lu le roman d'*Apoloine*[3], qui nous renvoie au trésor antique des contes méditerranéens et orientaux, florissants au début de notre ère, qui mettaient en scène des amants séparés par le destin, et qui ont pu inspirer certaines quêtes de la littérature narrative médiévale. L'auteur connaissait bien sûr la Genèse et son Paradis terrestre, prototype de toutes les descriptions médiévales de *loci amœni*. Il connaissait Ovide et Virgile, ainsi qu'un bon nombre d'œuvres en langue vulgaire, des poèmes de *Biblis*[4] et de *Didon* et un *Siège de Troie*[5], tous perdus, sans doute le *Roman de Thèbes* d'où doivent provenir les noms *Ismene, Antigone, Ypomedon* et *Parthonopeus*. C'est à *Thèbes* peut-être, ou plutôt à un *Roman d'Alexandre*, qu'a été emprunté le nom de *Daire*. Il est probable que le nom de

---

[1] Ed. W. Golther, *Flore und Blanscheflur von Konrad Fleck* (Deutsche National-Litteratur hgg v. J. Kürschner, IV, 2 : le texte de Fleck se trouve p. 235-474).

[2] Orbigny : commune d'Indre-et-Loire, arrt de Loches, nommée *Orbineium* dans certaines chartes latines de l'époque. Ce poète était peut-être un des ces *boins* (= nobles) *clers* qui *vont pain querant* (v. 2529-30) faute de tenir ces évêchés que Fortune ne confie qu'à des gueux.

[3] Ce roman, dont quelques octosyllabes ont survécu, est cité dans l'*Ensenhamen* de Guiraut de Cabreira ; certes, Robert a pu aussi lire le vieux roman latin originel *Historia Apollonii regis Tyri* ; cependant les auteurs qui composent en langue vulgaire font plus volontiers leurs emprunts et allusions à d'autres œuvres en langue vulgaire, que leur public laïc pouvait connaître. Voy. Delbouille, « Apollonius de Tyr et les débuts du roman français », dans *Mélanges Rita Lejeune*, p. 1271-1204.

[4] Voy. Leclanche, « Biblis : Métamorphose médiévale d'un conte ovidien », dans *Mélanges Alice Planche* (Ann. de la FLSH de Nice, n° 48), Paris, Les Belles Lettres 1984, p. 287-97.

[5] L'existence d'un poème ancien en langue vulgaire sur le siège de Troie est indirectement attestée par des allusions contenues dans diverses œuvres, par ex. *Thèbes*, v. 2021 (éd. G. Raynaud de Lage, CFMA).

Floire renvoie à la légende des *Sept Dormants*[1], où il est attribué à saint Martin.

L'évocation très précise du passage à la douane de Baudas (Alexandrie) et de l'itinéraire de *Baudas* à *Babiloine* (Le Caire) a été rapprochée par Charles François[2] de la relation de pèlerinage de l'espagnol Ibn Jobaïr lequel, se rendant à la Mecque, avait connu les mêmes moments pénibles à Alexandrie. Il est clair que, même si Robert n'a pas fait le voyage, il a pris connaissance d'un *itinéraire* d'Orient analogue à la relation d'Ibn Jobaïr.

Le schéma narratif du *Conte* se retrouve dans le conte arabe de *Neema et Noam*[3]. Ce conte ne se lit que dans un manuscrit très récent des *Mille et Une Nuits*, ce qui doit nous inciter à la prudence sur la question de la genèse du *Conte*. Il est toutefois clair que *Floire* ne doit pas son parfum oriental à la seule imagination d'un conteur français, si doué fût-il. Il paraît bien plus sage d'admettre qu'un conte primitif, élaboré en Orient et aujourd'hui disparu, ait pu engendrer séparément le conte français et celui de *Noam et Neema*[4].

Se fondant sur la comparaison entre *Floire et Blancheflor* et les principales œuvres romanesques de la seconde moitié du XIIe siècle, Maurice Delbouille[5] avait proposé de dater le *Conte* de « peu après 1160 », estimant qu'il devait avoir été composé après

---

[1] A. Eckhardt, « les Sept Dormants [...] », dans *De Sicambria à Sans-Souci, histoires et légendes franco-hongroises*, Paris, 1943, p. 91-104.

[2] Voy. Charles François, « Floire et Blancheflor : du chemin de Compostelle au chemin de la Mecque », dans *Revue belge de philologie et d'histoire*, t. 44, 1966, p. 833-56, et Maurice Delbouille, « *Tout* ou *toute* aux vers 1521ss de *Floire et Blancheflor* », dans *Mél. Alf Lombard*, Lund, 1969, p. 66-76.

[3] *Les Mille et Une Nuits*, trad. A. Guerne, Le Club du Livre, t. III, Paris, 1967. C'est *l'Histoire de Bel Heureux et de Belle Heureuse* dans la traduction de Mardrus, t. V, Paris, Revue Blanche, 1900. Pour la comparaison systématique des deux récits, voy. Leclanche, *Contribution* [...], II, p. 226–230.

[4] On lira un rapprochement avec un autre récit oriental, le conte persan de *Varquah et Golshâh*, chez Huguette Legros, *La Rose et le Lys* (Senefiance n° 31, 1992).

[5] « A propos de la patrie et de la date de *Floire et Blancheflor* », dans *Mélanges Mario Roques*, IV, Paris, 1952, p. 53-98. Nous avons contesté cette datation dans *Romania* 92 (1971) p. 556-67 et dans *Contribution*, II, p. 213-23.

le *Brut* de Wace, le *Roman de Thèbes* —qu'il croyait postérieur à l'accession d'Henri II au trône d'Angleterre— et l'*Énéas*, daté d'environ 1160. Parmi les textes qui pour Delbouille sont antérieurs à *Floire et Blancheflor*, il faut au moins retenir, on l'a vu, l'*Apoloine* français, texte aujourd'hui naufragé, et peut-être *Thèbes*, dont la date est incertaine, mais qui doit avoir été contemporain de la deuxième Croisade. Or la composition du *Conte*, on le verra, devait être antérieure à la séparation de Louis VII et d'Aliénor (l'annulation de leur mariage a été prononcée en 1152). Si l'on accepte d'autre part, pour l'*Ensenhamen* de Guiraut de Cabreira, où est mentionné un poème de *Floris*, la date approximative de 1150 proposée par Irénée Cluzel , on est en présence d'un faisceau d'indices qui permettent de placer le *Conte* aux environs de 1150, en amont du gros de la production romanesque, non seulement de celle qui exploitera la matière de Bretagne mais aussi, pour l'essentiel, de celle qui vulgarise la matière antique. Comment un clerc tourangeau, au milieu du XIIe siècle, a-t-il pu avoir connaissance d'un conte oriental ? Peut-être, disions-nous, par un voyageur, croisé ou pèlerin, de retour de Terre Sainte ou de Saint-Jacques, à moins que Robert lui-même ait voyagé dans ces contrées. Il est en tout cas vraisemblable que l'auteur ait composé son *Conte* dans la mouvance culturelle d'Aliénor d'Aquitaine encore reine de France, ou dans une cour seigneuriale proche du couple royal. Le début et le dénouement du *Conte* semblent en effet receler des allusions à la mort, survenue sur la route de Compostelle, de Guillaume X d'Aquitaine, père d'Aliénor, au mariage de cette dernière avec le jeune Louis VII en 1137 —elle avait quinze ans, lui seize— et à la mort de Louis VI, dont l'annonce, survenue en pleines réjouissances du mariage, avait eu pour conséquence l'avènement de Louis VII cette année-là. La vraisemblance interdit de croire à une composition du poème dans les années qui suivirent immédiatement le mariage, elle interdit aussi de la repousser après 1152, année de l'annulation du mariage. Il semble plutôt que les circonstances du départ des époux royaux pour la Croisade aient frappé l'imagination des contemporains : ils étaient encore jeunes et beaux, ils paraissaient très amoureux, puisque la reine avait voulu accompagner le roi dans cette éprouvante expédition. On peut donc situer vers 1150 la composition de ce poème dans lequel, derrière une quête anecdotique du bonheur à deux, transparaît une idéologie toute cléricale de Croisade pacifique, de conversion des païens-sarrasins par d'autres moyens que l'épée, idéologie qui s'accorde à la personnalité du pieux roi Louis VII[1] : on sait que, depuis l'expérience traumatisante de l'église de Vitry, qu'il avait fait brûler avec ses occupants, le roi répugnait à verser le sang ; on sait aussi que certains clercs, à l'instar de Pierre le Vénérable, avaient rêvé de convertir l'Islam par la force de l'argumentation théologique : tout cela créait un climat particulièrement favorable à l'éclosion de ce conte *clérical* qui, au-delà de l'idylle de deux enfants[2] sur laquelle la critique a beaucoup glosé, narre l'itinéraire initiatique d'un jeune prince intellectuellement doué et féru de *clergie*, prédestiné à devenir chrétien.

V. Conjointure et sens du *Conte*

Le récit est conduit de manière linéaire[3], mais la construction du *Conte* n'est pas simpliste pour autant. Entre le prologue guerrier (expédition du roi Félis en Galice et massacre des

---

[1] Louis VII n'avait aucun penchant pour les lettres « vulgaires » ; Huguette Legros en tire argument pour réfuter notre datation (*la Rose et le Lys*, p. 15). Mais le rôle direct d'Aliénor et de ses proches ne peut être exclu : c'était à l'époque une femme de près de trente ans, une personnalité déjà constituée, qui n'a pas attendu d'être reine d'Angleterre pour aimer les lettres.

[2] La comparaison avec d'autres récits d'amours enfantines contrariées est inévitable, notamment *Pirame et Tisbé* et *Aucassin et Nicolette*

[3] E. J. Buckbee, *Genteel entertainment in old French romance narrative : registers of learned playfullness in* Floire et Blancheflor (thèse de l'Un. de Princeton, 1974), et Huguette Legros, *o. c.,* ont insisté sur l'emboîtement des narrateurs tel qu'il se manifeste au début de la rédaction continentale (mss *A* et *B*). Leurs remarques s'appliquent donc aux rédactions *AB*. S'agissant de la rédaction insulaire, la plus proche du poème original, à défaut du témoignage direct du ms. *V*, qui est amputé de son premier feuillet, on doit faire appel aux traductions en vieux norrois et en moyen anglais : or elles ne portent pas la moindre trace de démultiplication du narrateur, procédé qui a donc été greffé postérieurement (probablement vers la fin du XIIe siècle) et qu'il faut intégrer à une étude de l'œuvre en évolution.

chrétiens) et l'épilogue édifiant (couronnement et baptême de Floire, conversion des païens), on distingue trois parties narratives : enfances (Espagne) — quête — conquête (Babylone), dans lesquelles et entre lesquelles s'insèrent des pauses lyriques", parfois organisées en suites de pseudo-quatrains[1], qui marquent dans le récit des paliers, moments privilégiés de la montée dramatique (naissance de l'amour — *planctus* de Floire — don du palefroi — stances de Floire — retrouvailles des amants — retournement de Fortune), ou des descriptions dont la signification symbolique éclaire le sens du *Conte* (coupe troyenne et descriptions de Babylone, de la Tour et du Jardin de l'émir).

La coupe troyenne joue dans l'économie du récit un rôle essentiel : elle constitue la part maîtresse du prix payé par les marchands pour l'achat de Blanchefleur, elle ranime l'espoir défaillant de Floire à son arrivée à Babylone, elle lui procure le moyen de sceller sa victoire sur le portier de la Tour. Par son origine divine (*Vulcans la fist*) et par son histoire propre (elle passe, grâce à Énée, de Troie à Rome et se transmet d'un seigneur de Rome à l'autre jusqu'à César, avant de passer en Orient, pour arriver jusqu'à Floire), elle résume symboliquement et assume la *translatio imperii* qui aboutit au héros. Elle fournit un contrepoint riche de signification à l'idylle des deux enfants : les amours sulfureuses de Pâris et d'Hélène, leurs conséquences calamiteuses et leur environnement païen s'opposent à l'amour légitime, puisque prédestiné par une naissance simultanée et par une merveilleuse[2] ressemblance, de Floire et de la chrétienne Blanchefleur ; cet amour bénéfique qui désarme toutes les forces hostiles favorise l'avènement d'un monde meilleur, tant à Babylone, où l'émir abandonne sa cruelle coutume, qu'en Espagne, où le retour de Floire amène le christianisme. Il n'est pas d'épisode, dans ce court récit, qui ne mérite qu'on en justifie

---

[1] Ce sont en fait des unités de deux couplets (parfois quatre) sans système rimique clos (autrement dit, des couplets appariés plutôt que des quatrains). Leur matérialisation typographique dans cette édition est un choix de l'éditeur.

[2] La merveille rejoint ici le miracle : cette ressemblance n'a aucune cause génétique, et le bafouillage amusant de Floire aux v. 1750-54 révèle sans doute le trouble profond que doit provoquer cette sorte de gémellité quasi incestueuse.

la place dans l'architecture générale, qu'on en analyse la composition et qu'on en dévoile le sens. Celui des trois parties d'échecs est probablement le plus prégnant : annoncé dans ses moindres détails par cet « auxiliaire du héros » merveilleusement clairvoyant[1] qu'est le bon hôte Daire, l'épisode se déroule en trois phases, conformément aux conseils et prévisions de ce dernier. La reprise souvent littérale, parsemée cependant de subtiles variations, de la parole prophétique de Daire, lorsque le narrateur rapporte pour son compte la mise en œuvre du plan, signifie que Floire, tout en suivant les conseils de Daire, s'émancipe de l'autorité de son paternel conseiller, de même que la description du palefroi avait marqué le moment où il s'était libéré de l'autorité de son père naturel. Affirmant dans la conduite du stratagème sa personnalité et son intelligence, le jeune prince vient à bout du cerbère de la Tour : la stratégie intellectuelle et pacifique du joueur d'échecs contraste ainsi avec l'assaut violent et destructeur des Grecs contre Troie ; la victoire de Floire sur le portier est aussi une victoire de l'esprit et du cœur sur la brutalité et la violence. Le héros est un clerc, un intellectuel. Ce prince féru d'arts libéraux, qui ne s'est jamais exercé au maniement des armes, est adoubé par son tout-puissant ex-rival : le paradoxe est fort, qui résoud l'opposition entre le clerc et le chevalier au bénéfice du premier. Le *Conte de Floire et Blancheflor* serait-il, à ce titre, l'un des tout premiers produits profanes[2] du courant des romans de clergie[3] ?

VI. L'espace et le temps

Pour évoquer un Orient à la fois mythique et réel, l'auteur s'est référé à des lieux communs et à des traditions, en particulier à la Genèse, mais il a eu recours aussi à des descriptions précises de voyageurs qui étaient passés par l'Égypte. De là l'ambiguïté d'une toponymie qui, derrière les noms de Babylone, de Bagdad

---

[1] Dans le conte frère des *1001 Nuits*, le personnage qui remplit la fonction de Daire est un magicien persan.

[2] Des vies de saints romancées avaient ouvert la voie.

[3] Sur cette appellation, voy. Yasmina Fœhr-Janssens, *Le temps des fables*, Paris, Champion, 1994.

ou de l'Euphrate, évoque en réalité le Caire, Alexandrie et le Nil. Cette ambiguïté géographique est rendue nécessaire par la fusion du monde antique, celui des Païens, et du monde chrétien contemporain, celui de Saint-Jacques-de-Compostelle et de la *Reconquista*. D'où une fusion littéraire entre l'Antiquité classique et l'univers des Infidèles, entre le lointain chronologique et le lointain spatial. Le récit est donc ancré dans l'Empire romain, au temps de César, dernier héritier légitime de la coupe. Le nom de César représente peut-être à lui seul tous les empereurs de Rome, tandis que le voleur qui s'est emparé de la coupe résume tous les siècles de troubles qui ont vu des barbares s'emparer de l'héritage antique. Les négociants qui ont acheté au voleur, puis remis à l'émissaire du roi Félis, en échange de Blanchefleur, cette coupe venue du fond des âges, expriment la nature marchande de la civilisation orientale, de ces Sarrasins qui fascinent et rebutent tout à la fois les Chrétiens d'Occident.

Télescopage des temps, confusion délibérée des lieux. Et en arrière-plan de l'Espagne[1] et de l'Orient, qui servent de décor à l'aventure, sont évoqués la France, patrie de la mère de Blanchefleur, l'Allemagne, patrie de Gloris, la compagne de Blanchefleur, sans oublier le sanctuaire de Saint-Jacques de Compostelle. Cette évocation du monde connu est complétée par la discrète mention des *terres qui dela sont* (v. 1360). On peut penser que l'auteur a voulu suggérer la portée universelle et messianique de l'aventure de Floire et de Blanchefleur.

VII. Style et versification

Le couplet d'octosyllabes est parfois considéré comme « la prose du XIIe siècle ». En effet, l'espace non césuré de huit syllabes qu'il offre aux séquences avant que surgisse la contrainte de la rime est assez vaste pour permettre à la phrase de développer des hiérarchisations syntaxiques, des déterminations, des circonstances. La contrainte rimique est au demeurant légère,

---

[1] Du prestigieux califat de Cordoue il ne reste au XIIe siècle que quelques royaumes moresques affaiblis par les coups que portent les armées de la *Reconquista*. La petite cité andalouse de *Labla* (= Niebla, Naples dans le *Conte* ?) est encore l'une de ces cités-royaumes au XIIe siècle.

les rimes sont pauvres et parfois approximatives. L'auteur du *Conte* est d'ailleurs de ceux qui, avant Chrétien de Troyes, pratiquent volontiers l'enjambement, non seulement à la rime, mais aussi d'un couplet à l'autre. Le rejet et le contre-rejet sont aussi exploités, non seulement pour les effets stylistiques qu'ils permettent d'obtenir, mais également pour donner du champ à la proposition ou à la phrase.

Robert n'est pas qu'un narrateur, même s'il excelle dans l'organisation et dans la conduite du récit. Sa narration linéaire est, on l'a dit, entrecoupée de pauses, qui sont essentiellement de deux sortes. Si l'on ne retient que celles qui remontent sans conteste au conte original, les unes, dites lyriques, interviennent, rappelons-le, à des moments clefs de la formation psychologique et de l'initiation courtoise du héros : naissance de l'amour ; *planctus* ; réception du palefroi royal ; stances de Floire ; caprices de Fortune. Elles semblent avoir été composées en strophes (pseudo-quatrains ou multiples de quatrains, sans système rimique clos). Les autres sont des descriptions qui ne sont pas seulement des morceaux décoratifs, du moins pour celles qui remontent sûrement à la version originelle : description de la coupe, dont nous avons relevé le sens symbolique, ce qui n'empêche pas qu'elle ne soit, en même temps, un accessoire actif dans le récit ; triple description de Babylone, de la Tour et du Jardin de l'émir, ce *locus amœnus* que les deux héros sauront libérer de la coutume qui l'ensanglante chaque année.

Il faut sans doute ajouter les morceaux obligés dans toute œuvre narrative de l'époque : —les portraits[1] des amants, traités dans le respect de la tradition rhétorique, qui ne surviennent qu'au moment du procès, c'est-à-dire au terme de leur enfance ; —les descriptions de repas, qui ne sont guère envahissantes ; elles s'intègrent aussi à l'économie de la narration, à laquelle

---

[1] Ces portraits jouent, au moment où ils interviennent, un rôle analogue à celui des pauses lyriques, qui marquent des paliers dans la formation de la personnalité du héros. Mais, du moins sous la forme sans doute altérée où on les lit aujourd'hui, rien dans leur composition ne permet de soupçonner qu'ils aient eu à l'origine une forme lyrique.

elles fournissent un cadre favorable au rebondissement du récit ; la plus longue, la plus complaisante de ces descriptions est celle du festin que donne l'émir pour célébrer ses noces et celles des héros. Mais l'épisode est utile : il fournit un moment opportun et un cadre idéal pour l'arrivée des émissaires venus d'Espagne afin de rappeler Floire. Cette culmination festive qui couronne l'aventure prépare ainsi l'épilogue édifiant.

Vestige de l'ancienne oralité, l'intervention marquée de l'auteur n'est pas rare dans le *Conte*. Elle ne se borne pas à l'appel à l'attention de l'auditoire. Le narrateur omniscient recourt volontiers à l'anticipation des événements. Ainsi, lorsqu'il décrit la scène des adieux entre Floire et ses parents, il en souligne l'intensité dramatique : les parents se comportent « comme s'ils ne devaient plus jamais le revoir[1] », et l'auteur ajoute, en prolepse[2], « et c'est bien ce qui arriva » (voy. la note au v. 1224). On retrouve, magistralement raffinée, une utilisation originale du procédé lorsque Daire, sous prétexte de conseil, annonce avec une clairvoyance miraculeuse l'épisode des trois parties d'échecs. Mis en œuvre avec habileté et pertinence pour renforcer la cohérence du récit et maintenir l'auditoire en éveil, de tels procédés révèlent assurément une grande maîtrise rhétorique. Certains ont cru, pour cela, pouvoir reprocher au *Conte* son allure scolaire : jugement anachronique et injuste. Ce qui apparaît comme scolaire, dans le mauvais sens du terme, ce sont les reprises de procédés commises par les remanieurs. La démultiplication du narrateur, déjà signalée, telle qu'elle est pratiquée par un remanieur aux vers 33-56, est un procédé stérile et lourd ; au contraire, l'auteur parvient à faire fusionner d'une manière originale et habile, en Daire, le bienfaisant pontonnier de Babylone, un auxiliaire du héros et une incarnation discrète du Narrateur omniscient. De même, le motif floral récurrent, chargé

---

[1] Il est évident que les nuits passées dans la tour ont fait franchir aux deux "enfants" l'étape capitale de l'initiation sexuelle.

[2] On trouve une habile combinaison de prolepse-métalepse lorsque Floire, pour se donner la mort, tire de son écrin le stylet « que Blanchefleur lui avait offert le jour de leur séparation afin qu'il s'en serve pour elle » (voy. sur ce passage volontairement ambigu la note au v. 1002).

de symbolisme, est pertinent lorsqu'il s'applique aux héros, nés le jour de la Pâque Fleurie et nommés d'après la fête ; il est gratuit, inutile, lorsque par exemple le remanieur-narrateur précise qu'un couvre-lit sur lequel il s'était assis était *ovrés a flors* (v. 41), ou lorsqu'il est exploité jusqu'à saturation dans la pesante[1] description du cénotaphe, ou encore dans des amplifications insérées dans la description du Jardin du roi Félix.

VIII. Postérité du *Conte*

L'œuvre de Robert, sous sa forme première, a été traduite à la cour du roi de Norvège Hákon Hákonson dans les années 1220, en même temps que tant d'autres œuvres françaises dont les manuscrits devaient venir d'Angleterre, en particulier *Tristan* et les romans de Chrétien de Troyes. Cette saga norroise, la *Flóres saga ok Blankiflúr*, a été affublée d'une fin chevaleresque sans rapport avec le *Conte* français ; elle a été traduite à son tour en vers suédois pour la reine Eufemia († 1312), et cette traduction adaptée en danois. En Angleterre même, une traduction en vers assez fidèle a vu le jour avant la fin du XIIIe siècle, le *Floris and Blauncheflur*[2].

La version continentale, caractérisée par des additions[3] qui sacrifiaient au goût du moment ou réutilisaient certaines des ressources du conte primitif qui avaient fait leurs preuves, allait connaître un succès encore plus ample : les poèmes des deux premiers traducteurs, le Flamand Diederic van Assenede (XIIIe s.) et surtout l'Allemand Conrad Fleck (début du XIIIe s.), seront eux-mêmes mis en prose (un *Volksbuch* tiré de Conrad, un

---

[1] Le jugement (*wearisome*) est d'Ivor Arnold, dans son compte rendu de l'éd. Pelan, *Medium Ævum*, vol. VIII, 1939, p. 225-8.

[2] Ed. F. C. De Vries, thèse de l'Un. d'Utrecht 1966, tirage offset, Groningen, 1966. Une édition avait déjà été procurée en 1885 par E. Hausknecht (Sammlung englisher Denkmäler, Bd 5).

[3] Réitération d'un procédé : Jardin du roi Félix (*cf.* Jardin de l'émir) ; description du cénotaphe et d'automates (*cf.* descriptions de Babylone, de la Tour, des oiseaux artificiels) ; second *planctus* (seulement dans A) ; amplification (exploitation, jusqu'au rabâchage, du motif floral, description du portier vigilant et brutal, énumération des cadeaux faits à Daire...) ; cyclisation : rattachement de l'œuvre au cycle de Charlemagne.

Voelksboek tiré de Diederic). On possède aussi des fragments bas-rhénans d'un *Floyris* (quatre feuillets retrouvés dans la reliure de deux incunables de la bibliothèque de Trèves), qui serait peut-être antérieur à 1200, donc à Fleck.

Le *Conte* avait connu dès les premières années un succès remarquable, qu'attestent de nombreuses mentions[1] qui s'étendent jusqu'au début du XIVe siècle. En reprenant la trame du récit, un trouvère anonyme a composé un Roman de Floire et Blanchefleur, dont nous ne possédons qu'une copie, amputée du dénouement. Ce *Roman* se présente comme le négatif du *Conte*, puisque son héros, indifférent à la clergie, ne s'illustre que par ses coups d'épée, et que le personnage de Blanchefleur, si attachant et actif dans le *Conte*, n'est plus qu'un faire-valoir passif pour le Floire guerrier du *Roman*. Avant même que se soit formée (vers 1200 ?) la vulgate continentale, ce trouvère a donc traité à sa manière l'histoire des deux amants en prenant systématiquement le contre-pied de Robert : alors que ce dernier montrait, comme on sait, un prince clerc, étranger aux choses de la guerre, c'est un chevalier belliqueux que campe l'auteur de la seconde version[2].

Le remanieur qui a introduit dans la rédaction A l'épisode de la fosse aux lions a connu le *Roman*[3]. Il l'a combiné avec un autre

---

[1] Essentiellement chez les troubadours : on en a compté dix-sept, la plus ancienne étant celle de l'*Ensenhamen* de Guiraud. Ce qui a parfois laissé croire qu'un poème occitan de *Floris* avait existé. On ne peut l'exclure, mais l'hypothèse paraît inutile.

[2] E. du Méril, l'appelait "version populaire", qu'il opposait au *Conte*, qualifié par lui de "version aristocratique". En réalité, les deux versions ont vu le jour dans des milieux aristocratiques, mais la première exalte des valeurs de clergie alors que la seconde est décidément chevaleresque. Les deux poèmes semblent donc se répondre comme le feraient les deux volets d'un débat du Clerc et du Chevalier. Le *Roman* peut se lire dans l'éd. Du Méril, dans l'édition de Margaret Pelan, *Floire et Blanchefleur, seconde version* (Association des Publications près les Universités de Strasbourg), Éditions Ophrys, Paris, 1975, ainsi que dans notre *Contribution* (tome I, p. 375-480).

[3] Nous avons montré ailleurs (*Contribution*, II, chapitre XIII) que c'était bien dans ce sens que s'était fait l'emprunt. De même le rattachement, par la rédaction continentale, de la légende de Floire à celle de Berthe et de Charlemagne pourrait provenir de la fin du *Roman*, perdue pour nous, mais dont on trouve un résumé dans le *Carlos Mainet* (voy. notre *Contribution*, II, p. 82).

épisode, celui de Barbarin, que l'on ne trouve nulle part ailleurs[1].
De même l'auteur d'un *Flos und Blankeflos* bas-allemand
connaissait et le *Conte* et le *Roman*. Les deux poèmes français
ont eu aussi de fervents lecteurs dans les pays méridionaux. Un
Cantare di Fiorio y Biancifiore en a été tiré au XIIIe siècle, avant
de servir lui-même de source à Boccace (il *Filocopo* ou *Filocolo*).
La postérité du *Cantare* (en italien, en grec, en espagnol) et du
Filocopo (en tchèque, en yiddish, en français) sera elle-même
abondante.

IX. Toilette du texte et présentation

Nous avons pris le parti de développer toutes les
abréviations, même le signe *-x* pour *-us* final et les chiffres
romains. Les nasales abrégées ont été développées conformément
à l'usage dominant du copiste (tendance à l'assimilation devant
labiale).

L'emploi du tréma a été systématisé : on a donc imprimé
crient (présent 3 de *criembre*) mais *crïent* (présent 6 de *crïer*), et
l'on a étendu le procédé à *dïent*, *püent* (pour *pueent*) *etc.*

On trouvera en appendice les leçons fautives. Nous avons
renoncé à donner la *varia lectio*[2]. Tout en suivant le texte du
manuscrit picard, nous l'avons résolument amendé lorsque la
distraction du scribe, ou son inconséquence, dénaturait gravement
la narration. Nous avons cherché à permettre au lecteur
d'appréhender l'état de la vulgate continentale du *Conte* à partir
de l'édition du texte de A. Toutefois il nous a paru souhaitable de
l'aider aussi à retrouver la vulgate insulaire en signalant les plus
importantes des additions propres à *A* et *B*, soit en les isolant par
des crochets droits, soit en les rejetant dans les appendices. Dans
ce dernier cas, des crochets droits encadrant des points de
suspension : [...] signalent la place qu'ils occupent dans le texte

---

Il n'est pas impossible que l'idée de la description du cénotaphe ait été elle
aussi inspirée par le *Roman* au remanieur qui est à l'origine de la vulgate
continentale (ibid., p. 81).

[1] Il y a cependant une anecdote analogue dans le *Novellino* (XXIe nouvelle).

[2] On peut se reporter, pour apprécier cette *varia lectio*, à notre *Contribution*,
qui fournit, t. I. p. 2-212, une édition synoptique des trois manuscrits *ABV*.

du manuscrit. L'épisode de Barbarin et le second *planctus*, avec leur traduction, forment l'appendice II. Le lecteur peut ainsi négliger les passages placés entre crochets droits pour chercher à se représenter la teneur de la vulgate insulaire.

Alors que la numérotation du texte de notre première édition collait au manuscrit A et qu'une numérotation alphabétique avait été adoptée pour les vers rapportés des manuscrits B et V, nous avons intégré ici à la numérotation continue tous les passages rapportés de B ou de V, qui sont encadrés de crochets brisés : <...>. On observera donc des décalages par rapport à la numérotation de l'édition CFMA de 1980.

Le récit des parties d'échecs rapporté de B pour combler des lacunes de A n'a pas subi d'adaptation au système graphique picardisant de A : aussi l'a-t-on imprimé en italique.

Les appels de notes, par commodité, ont tous été attribués au texte de la traduction, et les notes, par conséquent, sont toutes placées au bas des pages impaires, même quand elles se rapportent au texte médiéval (pages paires).

X. A propos de la traduction

Sans trahir délibérément le texte médiéval, nous avons dû parfois nous éloigner de la lettre pour mieux rendre le ton, le style. Nous avons parfois tenté de justifier en note les écarts que nous nous étions permis. La traduction des termes récurrents *ami* et *amie* a particulièrement retenu notre attention. Nous aurions pu en conserver la forme telle quelle, au risque de commettre quelques anachronismes sémantiques, mais il nous a semblé préférable de leur trouver un équivalent moderne au coup par coup, en tenant compte des connotations propres à chaque contexte d'emploi.

D'autre part, comme nous avons cru utile de marquer par des procédés typographiques les pauses lyriques que nous avons identifiées dans le texte médiéval[1], il nous a semblé conséquent

---

[1] Pour ces morceaux, nous sommes allés plus loin dans l'effort de reconstitution que nous ne l'avons fait pour les parties narratives.

de le faire également pour la traduction de ces morceaux. Mais il convient de rappeler que les manuscrits ne matérialisent jamais directement la composition lyrique de ces séquences.

BIBLIOGRAPHIE

Les références déjà fournies dans les notes de l'INTRODUCTION ne sont pas reprises ici. On trouvera une bibliographie exhaustive pour les travaux antérieurs à 1977 chez :

LECLANCHE (Jean-Luc). *Contribution à l'étude de la transmission des plus anciennes œuvres romanesques françaises, un cas privilégié : Floire et Blancheflor.* Tome I, 484 pages [textes des trois principaux manuscrits du *Conte*, de la chanson *Floire revient seus de Montoire* et du *Roman*, notes critiques, glossaires] ; tome II, 400 pages [études]. Service de reproduction des thèses de Lille-III, 1980 (thèse pour le doctorat ès-Lettres, Paris-IV, 1977).

Il faut compléter par celle que procure :

LEGROS (Huguette). *La Rose et le Lys, Étude littéraire du Conte de* Floire et Blancheflor. Aix en Provence, Publications du CUER MA, Université de Provence, 1992 (Senefiance n°31). 176 pages.

REMERCIEMENTS

Madame Marie-Noëlle Toury et Madame Sophie Lefay-Le Ménahèze m'ont fait l'amitié d'accepter de procéder à une lecture critique du présent travail et m'ont permis, par leurs judicieuses corrections et observations, d'éliminer un bon nombre d'imperfections.

Je les en remercie chaleureureusement.

Le Conte de Floire et Blanchefleur

Texte critique du manuscrit *A*
et traduction

C'est de Flore et de Blanceflor (Paris, BNF, fr. 375, *247a*)

Signor, oiiés, tot li amant, [*b*]
cil qui d'amors se vont penant,
li chevalier et les puceles,
li damoisel, les damoiseles !   4
Se mon conte volés entendre,
molt i porrés d'amors aprendre :
çou est du roi Flore l'enfant
et de Blanceflor le vaillant,   8
[de cui Berte as grans piés fu nee ;
puis fu en France marïee.
Berte fu mere Charlemaine,
qui puis tint France et tot le Maine.   12
Flores ses amis que vos di
uns rois paiiens l'engenuï,
et Blanceflor que tant ama
uns cuens crestiiens l'engenra.   16
Flores fu tos nés de paiiens
et Blanceflors de crestiiens.
Bautisier se fist en sa vie
Flores por Blanceflor s'amie,   20
car en un biau jor furent né
et en une nuit engenré.
Puis que Flores fu crestiiens
li avint grans honors et biens,   24
car puis fu rois de Hongerie
et de trestoute Bougerie.
Uns siens oncles fu mors sans oirs,
qui de Hongerie estoit rois ;   28
Flores fu fius de sa serour,
por çou fu sires de l'onour.
Or sivrai mon proposement,
si parlerai avenanment.]   32

Le Conte de Floire et Blanchefleur

Écoutez-moi, vous tous, nobles amants, vous qui êtes familiers des tourments de l'amour, chevaliers et jouvencelles, jeunes hommes et jeunes dames ! Si vous écoutez attentivement mon conte, vous pourrez y apprendre bien des choses sur l'amour.

Ce conte, c'est celui du jeune roi Floire et de la merveilleuse Blanchefleur [, qui fut la mère de Berthe aux grands pieds. Plus tard, Berthe fut mariée en France. Elle eut pour fils Charlemagne qui, par la suite, régna sur la France et le Maine. L'ami de Blanchefleur, ce Floire dont je vous parle, avait eu pour père un roi païen ; quant à Blanchefleur, qu'il a tant aimée, c'est un comte chrétien qui l'avait engendrée : ainsi Floire était-il fils de païens et Blanchefleur fille de chrétiens. Par la suite, pour l'amour de son amie Blanchefleur, Floire se fit baptiser : c'est qu'en effet ils étaient nés le même jour, ils avaient été conçus une même nuit. Après sa conversion, Floire reçut de vastes fiefs et des biens considérables : il devint roi de Hongrie et de tout l'empire de Bulgarie. Un de ses oncles, qui était roi de Hongrie, était mort sans héritier ; Floire était le fils de sa sœur, aussi devint-il le seigneur de ce royaume.

Je vais maintenant revenir à mon sujet et parler sans plus de digressions].

[En une cambre entrai l'autrier,
un venredi aprés mangier,
por deporter as damoiseles
dont en la cambre avoit de beles.   36
En cele cambre un lit avoit
qui de paile aornés estoit.
Molt par ert boins et ciers li pailes,
ainc ne vint miudres de Tessaile.   40
Li pailes ert ovrés a flors,
d'indes tires bendes et ours.
Illoec m'assis por escouter
deus dames que j'oï parler.   44
Eles estoient deus serours ;
ensamble parloient d'amors.
Les dames erent de parage,
cascune estoit et bele et sage.   48
L'aisnee d'une amor parloit
a sa seror, que molt amoit,
qui fu ja entre deus enfans,   [c]
bien avoit passé deus cens ans,   52
mais uns boins clers li avoit dit,
qui l'avoit leü en escrit.
Ele commence avenanment.
Or oiiés son commencement.]   56

Uns rois estoit issus d'Espaigne ;
de chevaliers ot grant compaigne.
O sa nef ot la mer passee,
en Galisse fu arivee.   60
Felis ot non, si fu paiiens,
mer ot passé sor crestiiens
por el païs la proie prendre
et les viles livrer a cendre.   64
Un mois entier et quinze dis
sejorna li rois u païs ;
ne fu nus jors k'o sa maisnie
ne fust li rois en chevaucie.   68

[L'autre jour —c'était un vendredi, après le repas—, j'étais entré dans une chambre où se trouvaient de belles demoiselles afin de me distraire en leur compagnie. Il y avait dans cette chambre un lit garni d'une étoffe si fine et si précieuse que la Thessalie n'en a jamais produit de plus belle. Elle était brodée de motifs floraux et décorés de bandes et de bordures en soie de Tyr bleu indigo. C'est là que je m'assis pour écouter ce dont deux dames étaient en train de parler ; c'étaient deux sœurs, et leur propos, c'était l'amour. Ces dames étaient de haut parage, belles et instruites toutes deux. L'aînée narrait à sa sœur, qu'elle aimait tendrement, une vieille histoire d'amour dont, il y avait plus de deux cents ans, deux enfants avaient été les héros. Elle la tenait d'un bon clerc qui lui-même l'avait lue dans un livre. Elle entama son récit avec beaucoup de talent. Écoutez, voici comment cela commençait :]

Il était une fois un roi qui était parti d'Espagne avec une grande troupe de chevaliers. Il avait fait sur son navire la traversée jusqu'en Galice. Il s'appelait Félix ; c'était un païen. Il avait fait cette traversée pour attaquer les chrétiens[1], pour mettre leur pays à sac et réduire leurs villes en cendres. Il séjourna dans le pays un mois et demi : il n'y eut pas de jour que le roi et ses compagnons ne fussent en expédition.

---

[1] V. Les musulmans du Califat avaient souvent attaqué les terres chrétiennes du Nord, que traversait le chemin de Compostelle.

Viles reuboit, avoirs praoit
et a ses nés tot conduisoit.
De quinze liues el rivache
ne remest ainc ne bués ne vace, 72
ne castel ne vile en estant ;
vilains n'i va son boef querant.
Es vos le païs tout destruit,
paiien en ont joie et deduit. 76
Donc s'en vaut li rois repairier.
Ses nés commanda a cargier,
et apele de ses fouriers
dusqu'a quarante cevaliers : 80
« Esranmant, fait il, vos armés !
Nos cargerons sans vos assés.
Alés lassus en ces chemins
gaitier por reuber pelerins. » 84
Et cil en vont en la montaigne,
gardent aval parmi la plaigne,
pelerins voient qui montoient
la montaigne que il gardoient. 88
Il lor vont seure, ses assalent,
et li pelerin se defalent
de combatre tot li plusor,
lor avoir tendent por paour. 92
En la compaigne ot un François,
chevalier et preu et courtois,
qui au baron saint Jake aloit ;
une soie fille i menoit 96
qui a l'apostle s'ert vouee
ains qu'ele issist de sa contree
por son ami qui mors estoit,
de cui remese ençainte estoit. 100
Li chevaliers le vaut deffendre.
De lui ne caut a aus vif prendre,
ains l'ocïent, sel laissent mort
et sa fille mainent au port. 104

Il pillait les villes, s'emparait des richesses et faisait tout porter à ses navires. Jusqu'à quinze lieues de la côte il ne restait pas un bœuf, pas une vache, pas une ville[1], pas un village debout ! Le paysan renonce même à y chercher son bœuf !

Voilà le pays entièrement saccagé, ce qui ravit et réjouit les païens. Le roi décide donc de rentrer dans son pays. Alors qu'il a déjà donné l'ordre de charger ses navires, il appelle quelques-uns de ses fourrageurs, une bonne quarantaine de cavaliers :

— Armez-vous sans tarder, leur dit-il. Nous viendrons bien à bout du chargement sans vous. Allez vous poster là-bas sur les chemins[2] des pèlerins pour leur tendre un guet-apens et les dépouiller.

Ils gagnent les hauteurs pour observer la plaine, voient des pèlerins qui gravissent la montagne où ils sont en embuscade. Ils fondent sur eux et les attaquent. Les pèlerins renoncent pour la plupart à se battre et, morts de peur, leur livrent tout ce qu'ils possèdent. Dans la troupe il y avait un Français, un chevalier valeureux et courtois, qui se rendait à Saint-Jacques. Il y conduisait sa fille, qui s'était vouée à saint Jacques avant de quitter son pays parce que son bien-aimé[3], de qui elle était enceinte, était mort. Le chevalier voulut la défendre. Les païens n'ont que faire de le prendre vivant ; ils le tuent, le laissent mort et emmènent sa fille au port.

---

[1] V. 73. *Castel* 'ville, bourg (fortifié)' semble s'opposer ici à *vile* 'agglomération rurale (non fortifiée)', 'village' ; ce dernier sens paraît mieux adapté aux évocations des vilains et du bétail que celui que donnerait la traduction « château ni ville ».

[2] V. 83. *ces* : démonstratif de notoriété (allusion claire aux chemins fameux suivis par les pèlerins de Saint-Jacques).

[3] V. 99. Le ms. *B* dit explicitement *son mari*. Il s'agit donc d'un pèlerinage de substitution, que l'on effectuait à la place d'un parent défunt qui n'avait pas eu le temps d'accomplir son vœu avant de mourir.

Au roi Felis l'ont presentee
et il l'a forment esgardee.
Bien aperçoit a son visage
que ele estoit de grant parage, 108
et dist, s'il puet, a la roïne
fera present de la mescine.
De cel avoir molt le pria [d]
quant il por reuber mer passa. 112
A tant s'en entrent tot es nés
et amont traient sus les trés.
Or ont boin vent et bien portant,
si repairent lié et joiant. 116
Il n'orent pas deus jors erré
k'en lor païs sont arivé.
A tant est issus el rivage
li rois o trestot son barnage. 120
A Naples, a la cité bele,
est de lui venue novele
c'arivé sont lié et joiant,
ce dïent cil qui vont devant. 124
Cil de la vile encontre vont,
a l'encontrer grant joie font.
Tot se font lié de lor amis
c'arivé sont en lor païs. 128
Es vos le roi en la cité.
Son barnage a trestot mandé ;
son eskiec lor depart li rois
bien largement, comme cortois, 132
et por la part a la roïne
done de gaaing la mescine.
La roïne s'en fait molt lie,
en sa cambre l'a envoiie ; 136
sa loi li laist molt bien garder,
servir le fait et honerer ;
o li sovent jue et parole
et françois aprent de s'escole. 140

Ils l'offrent au roi Félix, qui l'examine avec intérêt. En observant les traits de son visage, il se rend bien compte qu'elle est de haut parage, et il se dit que, si Dieu veut, il fera présent de cette fille[1] à la reine. Lorsqu'il avait pris la mer pour lancer ses razzias, elle l'avait vivement prié de lui rapporter un présent de ce genre. Tout le monde gagne alors les navires, et les voiles sont hissées bien haut. Sous un bon vent portant, ils prennent dans l'allégresse la route du retour. Les païens sont arrivés dans leur pays en moins de deux jours. Alors, avec tous ses barons, le roi débarque sur le rivage.

A Naples[2], la belle cité, est parvenue la nouvelle de son retour : les hommes qui viennent en avant-coureurs annoncent qu'ils sont arrivés dans la joie et l'allégresse. Les gens de la cité vont au devant d'eux. Quelle fête lorsqu'ils se rencontrent ! Tous se réjouissent du retour de ceux qui leur sont chers. Voici le roi dans sa capitale. Il a convoqué tous ses barons. En suzerain courtois il leur distribue généreusement son butin. La reine en a aussi sa part : il lui offre la fille. La reine en est ravie ; elle l'a affectée à sa chambre privée. Elle lui permet de conserver sa religion et la fait servir et traiter dignement. Elle aime à s'amuser et à converser avec elle, et elle apprend le français auprès d'elle.

---

[1] V. 110. La jeunesse de la captive (le roi ignore qu'elle est enceinte) et son statut désormais servile paraissent justifier des traductions quelque peu brutales (*fille, jeune esclave*) de *mescine*, terme trivial qui reflète le point de vue du roi (c'est une 'infidèle' et une 'part de butin'). Cette attitude n'est pas contradictoire avec l'appréciation que le roi vient de porter sur le haut statut social de la chrétienne *avant* sa captivité : ce statut social ne l'intéresse que dans la mesure où il garantit que la suivante qu'il va offrir à la reine a dû bénéficier d'une éducation raffinée.

[2] V. 121. Sans doute *Niebla* (en arabe *Labla*), en Andalousie occidentale.

La mescine ert cortoise et prous,
molt se faisoit amer a tous.
La roïne molt bien servoit
comme cele qui sage estoit.   144
Un jour avint que la mescine
ouvroit es cambres la roïne
un confanon a oés le roi,
u ele peinst et lui et soi.   148
La roïne le vit palir,
coulor muer et tressalir
et a ses flans ses mains jeter,
sovent fremir et tressuer,   152
dont sot bien quel mal ele avoit
a son sanlant, qu'ençainte estoit.
Ele demande combien a
qu'ele reçut çou dont mal a.   156
Le terme sot bien et dist li.
La roïne, quant çou oï,
dist de cel terme estoit enprains
et a cel jour et noient ains.   160
Dont sorent bien sans deviner
le terme de lor enfanter.
Le jor de le Paske Flourie,
si com le raconte lor vie,   164
vint li termes k'eles devoient
enfanter çou dont griés estoient.
Travail orent et paine grant
tant que né furent li enfant.   168
Vallés fu nés de la paiiene
et mescine ot la crestiiene.
Li doi enfant, quant furent né,   [248a]
de la feste furent nomé :   172
la crestiiene, por l'onor
de la feste, mist Blanceflor
non a sa fille, et li rois Floire
a son fil quant il sot l'estoire.   176

Par ses bonnes manières et sa gentillesse, la jeune esclave se gagna l'estime de tout le monde. Elle servait la reine parfaitement, car elle savait les usages. Un jour, il se trouva que la jeune servante était en train de broder, dans les appartements de la reine, une bannière destinée au roi, sur laquelle la reine[1] avait dessiné son portrait avec celui du roi. La reine la vit devenir toute pâle ; elle perdait ses couleurs, était agitée de soubresauts, portait ses mains à son ventre, frissonnait et transpirait abondamment. Elle comprit à son aspect de quel mal elle souffrait : elle était enceinte. Elle lui demanda depuis combien de temps elle avait conçu ce qui la faisait souffrir ainsi. La jeune femme savait fort bien la date et la lui révéla. Dès qu'elle l'apprit, la reine lui dit alors qu'elle était enceinte du même jour exactement. Elles surent alors toutes deux, sans avoir besoin de consulter les sorts, quel jour elles accoucheraient. C'est le jour de Pâques Fleuries[2], ainsi que le rapporte l'histoire de nos héros, qu'arriva le terme où elles devaient mettre au monde les enfants qu'elles portaient. Elles connurent beaucoup de peines et de souffrances jusqu'au moment où elles leur donnèrent le jour. La païenne eut un garçon et la chrétienne une fille. A leur naissance, les deux enfants reçurent un nom en rapport avec la fête : la chrétienne, en l'honneur de cette fête, donna à sa fille le nom de Blanchefleur, et le roi celui de Floire à son fils lorsqu'il eut appris ce que signifiait cette fête.

---

[1] V. 148. Le pronom *ele* note un changement de sujet : il est raisonnable de penser que c'est la reine qui a préparé le canevas et qui se fait représenter avec le roi. Toutefois, la scène représentée pourrait être celle de la capture de la chrétienne. Dans ce cas celle-ci aurait pu tracer elle-même le dessin.
[2] V. 163. Autre nom de la fête des Rameaux, qui commémore l'entrée de Jésus à Jérusalem avant la semaine sainte (Jésus accueilli par des enfants agitant des rameaux).

Li pere ama molt son enfant,
la mere plus u autretant.
Livré l'ont a la damoisele,
por çou qu'ele estoit sage et bele, 180
a norrir et a maistroier,
fors seulement de l'alaitier.
Une paiienne l'alaitoit,
car lor lois l'autre refusoit. 184
El le nouri molt gentement
et garda ententivement
plus que sa fille, et ne savoit
le quel des deus plus cier avoit. 188
Ensamble nori les enfans
tant que cascuns ot bien deus ans ;
onques ne lor sevra mangier
ne boire, fors seul l'alaitier. 192
Ensamble en un lit les coucoit,
andeus paissoit et abevroit.

   Quant cinc ans orent li enfant,
molt furent bel et gent et grant. 196
De lor aé en nule terre
plus biaus enfans n'esteüst querre.
Quant li rois vit son fil si bel
de son eage damoisel 200
et aperçut que sot entendre,
a letres le vaut faire aprendre.
Gaidon l'a commandé, un mestre ;
miudres de lui ne pooit estre. 204
Ses parens ert, de sa maison ;
fondés des ars Gaides ot non.
Li rois commande son enfant
qu'il aprenge, et cil en plourant 208
li respont : « Sire, que fera
Blanceflors ? Et dont n'aprendra ?
Sans li ne puis jou pas aprendre
ne ne saroie lechon rendre. » 212

Le père adorait son fils, et la mère tout autant, sinon plus. Comme la chrétienne était belle et pleine de qualités, ils le lui confièrent à élever et à éduquer, mais non à allaiter : c'était une païenne qui l'allaitait, car leur religion interdisait que ce fût la chrétienne[1]. La chrétienne sut élever le garçon avec beaucoup de douceur et elle prenait soin de lui plus encore que de sa propre fille ; elle n'aurait su dire lequel des deux elle préférait. Elle les éleva ensemble jusqu'à ce qu'ils eussent deux ans accomplis. A l'exception de l'allaitement, elle ne leur donna jamais séparément à manger ni à boire. Elle les couchait dans le même lit, les nourrissait et les faisait boire tous les deux ensemble.

A cinq ans, ce furent de fort beaux enfants, gracieux et pleins de charme. Il eût été vain d'aller chercher où que ce fût de plus beaux enfants de cet âge. Quand le roi vit que son fils était pour son âge un si bel enfant et qu'il se rendit compte de son intelligence, il voulut lui faire apprendre à lire. Il le confia à Guédon, un maître —le meilleur du monde—, qui était de ses parents et de ses familiers. Guédon était renommé pour son érudition dans les arts libéraux. Le roi dit à son fils qu'il va devoir étudier et lui, en pleurant, lui répond :

—Seigneur, et Blanchefleur, que fera-t-elle ? Ne va-t-elle pas étudier ? Sans elle, impossible que j'étudie et que j'apprenne à lire !

---

[1] V. 183. L'auteur cherche un prétexte religieux pour éviter de suggérer entre les enfants une fraternité *de lait* qui risquerait de rendre quasi incestueuse leur union future. L'interdit religieux pourrait aussi être rapproché de la croyance médiévale en une transmission par le lait nourricier des caractères éthiques de la nourrice.

Li rois respont : « Por vostre amor
ferai aprendre Blanceflor. »
    Es les vos andeus a l'escole.
Molt delivre orent la parole.					216
Cascuns d'aus deus tant aprendoit
pour l'autre que merveille estoit.
Li doi enfant molt s'entramoient
et de biauté s'entresambloient.					220
Nus d'aus deus conseil ne savoit
de soi quant l'autre ne veoit.
Au plus tost que souffri Nature
ont en amer mise lor cure.					224
En aprendre avoient boin sens,
du retenir millor porpens.
Livres lisoient paienors					[b]
u ooient parler d'amors.					228
En çou forment se delitoient,
es engiens d'amor qu'il trovoient.
Cius lires les fist molt haster
en autre sens d'aus entramer					232
que de l'amor de noureture
qui lor avoit esté a cure.
[Ensamle lisent et aprendent,
a la joie d'amor entendent.					236
Quant il repairent de l'escole,
li uns baise l'autre et acole.
Ensamble vont, ensamble vienent,
et lor joie d'amor maintienent.					240

    Un vergier a li peres Floire
u plantee est li mandegloire,
toutes les herbes et les flours
qui sont de diverses coulours.					244
Flouri i sont li arbrissel,
d'amors i cantent li oisel.
La vont li enfant deporter
cascun matin et por disner.					248

—Par amour pour vous, répond le roi, je lui ferai faire des études à elle aussi.

Les voilà tous deux à l'école. Ils pouvaient s'y entretenir tout à leur aise. Chacun des deux progressait si bien grâce à l'autre que c'en était surprenant. Les deux enfants s'aimaient beaucoup, et ils rayonnaient d'une même beauté. Aucun des deux ne pouvait rien faire en l'absence de l'autre. Aussitôt que Nature le permit, ils mirent toute leur ardeur à s'aimer : ils apprenaient avec intelligence et s'appliquaient de leur mieux à retenir. Ils lisaient des livres païens où ils entendaient parler d'amour. Ce qui leur plaisait particulièrement, c'étaient les ruses d'amour qu'ils y trouvaient. Grâce à ces lectures, ils en arrivèrent très vite à s'aimer d'un amour d'une autre nature que l'attachement fraternel qui les avait animés jusque-là.

[Ils lisent et étudient ensemble, n'aspirant qu'à la joie d'amour. Quand il rentrent de l'école, ils échangent des baisers et se tiennent par le cou. Ils sont inséparables et s'adonnent au plaisir d'aimer. Le père de Floire a un jardin où est plantée la mandragore ainsi que toutes les herbes et les fleurs des plus diverses couleurs. Les arbres y sont fleuris et les oiseaux y chantent des chants amoureux. C'est là que chaque matin ainsi qu'à l'heure du dîner les enfants vont jouer.

Quand il mangeoient et bevoient,
li oisel deseure aus cantoient.
Des oiselés oënt les cans,
çou est la vie as deus enfans.   252
Quant ont mangié, si s'en revont,
molt grant joie par voie font.
Et quant a l'escole venoient,
lor tables d'yvoire prenoient.   256
Adont lor veïssiés escrire
letres et vers d'amours en cire !
Lor graffes sont d'or et d'argent
dont il escrisent soutiument.   260
Letres et salus font d'amours
du cant des oisiaus et des flours.
D'autre cose n'ont il envie,
molt par ont glorieuse vie.]   264
   En seul cinc ans et quinze dis
furent andoi si bien apris
que bien sorent parler latin
et bien escrire en parkemin,   268
et consillier oiant la gent
en latin, que nus nes entent.
   Li rois aperçoit bien l'amour
que ses fius a a Blanceflour.   272
Forment cremoit en son corage
que, quant ses fius ert en eage
que feme devra espouser,
que ne s'en puisse deporter.   276
Es cambres vint a la roïne
consel prendre de la mescine.
S'ele li done a son talent,
ocirra le hastivement,   280
puis querra selonc son lignage
a son fil feme de parage.
La roïne voit son signor
iriet, bien pert a sa coulor,   284

Tandis qu'ils buvaient et mangeaient, au-dessus de leurs têtes les oiseaux chantaient. Écouter le chant des petits oiseaux, voilà l'existence que mènent les deux enfants ! Après avoir mangé, ils s'en retournaient en gambadant joyeusement. Arrivés à l'école, ils prenaient leurs tablettes d'ivoire. Ah ! si vous les aviez vus graver dans la cire lettres et poèmes d'amour ! Leurs stylets, avec lesquels ils écrivaient joliment, étaient d'or et d'argent. Ils composaient des lettres et des saluts[1] d'amour, où il était question de chants d'oiseaux et de fleurs. Rien d'autre pour eux n'a d'attrait. Ils mènent une bien radieuse existence !][2]

En à peine cinq années[3] ils furent tous deux si bien formés qu'ils surent parfaitement parler latin et écrire sur le parchemin. Ils pouvaient s'entretenir en latin devant tout le monde sans que personne les comprît. Le roi était bien conscient de l'amour que son fils éprouvait pour Blanchefleur. Il se mit à craindre en son for intérieur que son fils, une fois parvenu à l'âge de se marier, ne fût alors incapable de renoncer à elle. Il se rendit dans les appartements de la reine pour la consulter au sujet de la gamine : si la reine lui donne le conseil qu'il attend d'elle, il fera tuer l'enfant puis cherchera pour son fils une femme de famille noble digne de son lignage. La reine se rend compte que son seigneur est contrarié ; cela se voit à la couleur

---

[1] V. 261. *salut d'amour* : formule (lyrique) de déclaration d'amour.
[2] V. 235-264. Ce morceau est absent de la vulgate insulaire (*V, saga, Floris*).
[3] V. 265. Le poète complète son vers par une cheville : « et quinze jours ».

car de sanc ot le vis vermel.
Il l'apele par grant consel :
« Dame, fait il, malement vait
de vostre fil, mal li estait. 288
Saciés a estrous le perdrons [c]
se hastiu consel n'en prendons. »
El dist : « Comment ? — Car tele amor
a vostre fius a Blanceflour, 292
cele fille vostre kaitive,
ja tant com ele sera vive
l'amor de li ne cangera
ne autre feme ne prendra, 296
dont seroit forment ahontés
de li tos nostres parentés.
Certes, fait il, sans eslongier
li voel faire le cief trencier, 300
puis donrai a mon fil oissour
fille de roi u d'aumachour. »
La roïne s'est porpensee,
si a parlé comme senee. 308
A la mescine veut aidier
et si son signor consillier
c'a son signor puisse plaisir
et Blanceflor de mort garir. 312
« Sire, fait el, bien devons querre
com nostre fius remaigne en terre
et qu'il ne perde pas s'onour
por l'amistié de Blanceflour. 316
Mais qui li porroit si tolir
qu'il ne l'en esteüst morir,
çou m'est avis plus bel seroit. »
Li rois respont la dame a droit : 320
« Dame, dist il, et jou l'otroi.
Consilliés m'ent et vos et moi.

de son visage, tout rouge du sang qui y afflue.

Le roi l'apostrophe avec gravité :

— Madame, votre fils est sur la mauvaise voie, cela ne va plus ! Je vous avertis qu'à coup sûr nous allons le perdre à moins de prendre une décision rapide.

— Comment cela ? répond-elle.

— C'est que votre fils est si amoureux de Blanchefleur, la fille de votre esclave, que tant qu'elle sera en vie il ne changera pas de sentiment envers elle et il refusera d'épouser une autre femme. A cause d'elle, toute notre parentèle serait gravement déshonorée. En vérité, je veux sans plus tarder lui faire trancher la tête ; après quoi je donnerai pour épouse à mon fils la fille d'un roi ou d'un almaçour[1].

La reine a réfléchi, puis elle parlé en femme avisée ; elle veut venir en aide à la fillette tout en donnant à son époux un avis qui puisse lui convenir sans mettre en danger la vie de Blanchefleur.

—Seigneur, dit-elle, nous devons chercher un moyen pour que notre fils reste dans notre pays et ne perde pas son royaume à cause de son amour pour Blanchefleur. Mais si l'on pouvait la lui enlever sans la faire mourir, cela vaudrait bien mieux, à mon avis.

Le roi fait à la reine la réponse qu'elle attend :

—Madame, j'en conviens. Dites-moi ce qu'à votre avis nous pouvons faire.

---

[1] V. 302. *Almaçour* : titre donné à des dignitaires militaires païens dans les textes occidentaux. Le mot vient du surnom du célèbre Al Mansour, « le Victorieux », qui se frotta souvent aux armées chrétiennes à la fin du Xe siècle.

— Sire, fait ele, envoiêns Floire
nostre fil, aprendre a Montoire.   324
Lie en ert molt dame Sebile,
ma suer, quist dame de la vile.
Des qu'ele l'ocoison savra,
s'el puet, oblïer li fera   328
la crestiiene Blanceflor
par le confort d'une autre amor.
Malades se fera Gaidons,
ne lor porra lire lechons,   332
et nos li ferons a entendre
que la l'envoions por aprendre.
Se ses maistres sains remanoit,
Floires plus tost s'apercevroit,   336
car il sont boin devineour
tout cil qui aiment par amour.
Il ert dolans de la novele,
s'en vaura mener la pucele.   336
Sa mere malade se faigne,
por li garder cele remaigne,
et molt tres bien l'asseürés
ains quinze jors li trametrés. »   340
A tant sont du conseil torné.

Li rois a son fil demandé,
mais primes ont aparillié
si com il orent consillié,   344
et puis li a conté et dit.
Floires iriés li respondit :
« Sire, fait il, que puet çou estre   [d]
que Blanceflor lais et mon mestre ?   348
Blancefor pri que viegne o moi. »
Dont ot l'otrïement au roi,
muire sa mere u voist vivant,
que il l'avra sans contremant.   352
Flores l'otroie a quelque paine.
Li rois son cambrelenc demaine

—Seigneur, répond-elle, envoyons notre fils Floire étudier à Montoire[1]. Dame Sibylle, ma sœur, qui est la dame de la ville, en sera enchantée. Quand elle saura pourquoi nous le lui confions, elle cherchera à lui faire oublier Blanchefleur, la chrétienne, en lui procurant pour le consoler une autre amourette. Guédon va faire semblant d'être malade : il ne pourra leur donner ses leçons. Et nous, nous ferons croire à Floire que là-bas il pourra continuer ses études et que c'est pour cela que nous l'y envoyons. Si son maître restait en bonne santé, Floire ne tarderait pas à comprendre, car les amoureux sont très clairvoyants ! La nouvelle que nous lui annoncerons l'affligera, et il voudra emmener la petite. Aussi la mère devra-t-elle feindre d'être malade et Blanchefleur rester ici pour veiller sur elle. Quant à vous, faites à notre fils la promesse ferme de lui envoyer Blanchefleur avant quinze jours.

Après avoir ainsi tenu conseil, ils se séparent.

Le roi a fait appeler son fils —mais auparavant les parents ont tout préparé selon leur plan—, puis il lui a tenu son discours. Bouleversé, Floire lui répond :

—Seigneur, comment se fait-il que je doive quitter Blanchefleur et mon maître ? Que Blanchefleur vienne avec moi, je vous en prie !

Le roi lui donne son accord : que sa mère meure ou qu'elle reste en vie, Blanchefleur le rejoindra sans délai. Non sans mal, Floire finit par acquiescer.

Le roi l'a confié à son propre chambellan

---

[1] V. 224. Sans doute l'actuelle *Montoro*. C'était une ville importante d'al-Andalus.

li a cargiet o grant conroi,
tel que convient a fil de roi. 356
Es les vos venus au castel
de Montoire, le fort, le bel.
Li dus Joras molt liés en fu,
a grant honor l'a recheü, 360
et s'ante li a fait grant joie,
mais ne li caut de riens qu'il oie :
por Blanceflor qu'il n'a, s'amie,
en noncaloir a mis sa vie. 364
Aprendre l'en maine Sebile
o les puceles de la vile,
savoir se il l'oublieroit
et en l'escole autre ameroit. 368
Mais nul oïr ne nul veoir
ne li puet faire joie avoir ;
il ot assés, mais poi aprent,
car grant doel a u il s'entent. 372

   Amors li a livré entente,
el cuer li a planté une ente
qui en tous tans flourie estoit
et tant doucement li flairoit 376
que encens ne boins citouaus
ne giroffles ne garingaus.
Et cele odour rien ne prisoit ;
toute autre joie en oublioit : 380
le fruit de cele ente atendoit,
mais li termes molt lons estoit,
çou li ert vis, du fruit cuellir,
quant Blanceflor verra gesir 384
jouste soi et le baisera,
le fruit de l'ente cuellera.

   Flores atent a quelque paine
tot le terme de le quinzaine. 388
Quant il vit qu'ele ne venoit,
dont sot bien que gabés estoit,

et lui a donné une magnifique escorte, comme il convient pour un fils de roi.

Les voici arrivés à Montoire, la belle cité fortifiée. Le duc Joras se réjouit de la venue de Floire et il le reçoit avec des marques de grande considération. Sa tante l'a elle aussi accueilli avec beaucoup de joie. Mais lui, il est indifférent à tout ce qu'il peut entendre : l'absence de Blanchefleur, sa douce amie, lui a ôté le goût de vivre.

Sibylle l'emmène étudier avec les fillettes de la ville. Peut-être oubliera-t-il Blanchefleur et en aimera-t-il une autre à l'école ? Mais rien de ce qu'il voit ou entend ne peut lui procurer de joie. Il a beau écouter, il n'apprend guère, car les pensées qui l'obsèdent le font souffrir terriblement.

> Amour s'est attaqué à lui et lui a enté au cœur un greffon qui est perpétuellement fleuri et qui embaume encore plus suavement que l'encens, la bienfaisante zédoaire, le girofle ou le galanga. Mais ce parfum, Floire ne le goûte guère ; il néglige toute joie : ce qu'il attend, c'est le fruit du greffon ; le jour lui paraît trop éloigné où il cueillera le fruit, le jour où il verra Blanchefleur étendue à son côté et offerte à ses baisers, le jour où il cueillera le fruit du greffon.[1]

A grand peine, Floire patiente toute la quinzaine. Quand il constate que Blanchefleur ne vient pas, il comprend qu'on l'a berné.

---

[1] V. 365-386. Pour la première fois Floire se trouve *aimer de loin, aimer l'absente*. Cette épreuve, étape importante de son initiation, est donc traitée sur le mode lyrique. Toutefois il n'est pas aisé de délimiter la séquence proprement *lyrique* et d'en mettre en évidence l'éventuelle composition en quatrains.

et si doute forment et crient
que morte soi quant el ne vient. 392
A tant laist le mangier ester
et tot le rire et le jüer,
le boire laist et le dormir.
Cil se criement de son morir. 396
Li cambrelens au roi le mande.
Il en ot doel et ire grande.
Del venir li done congiés.
La roïne apela iriés : 400
« Certes, fait il, la damoisele
mar acointa ceste novele !
Puet estre que par sorcerie
a de mon fil la drüerie. 404
Faites le moi tost demander,
ja li ferai le cief cauper.
Quant mes fius morte le sara, [a]
en peu de tans l'oublïera. » 408
La roïne li respondi :
« Sire, fait el, por Dieu, merci !
A cest port a molt marceans
de Babiloine, bien manans. 412
Au port le fai mener et vendre,
grant avoir pués illoeques prendre.
Cil l'en menront, car molt est bele ;
ja n'orrés mais de li novele, 416
si en serons delivre bien
sans estre homecide de rien. »
Li rois a grant paine l'otroie.
Par un borgois illoec l'envoie 420
qui de marcié estoit molt sages
et sot parler de mains langages.
Ne le fist pas par covoitise
vendre li rois en nule guise ; 424
mius amast il sa mort avoir
que ne fesist cent mars d'avoir :

Le sort de Blanchefleur l'inquiète beaucoup et il a peur qu'elle ne soit morte, puisqu'elle ne vient pas. Alors il cesse de manger, de rire, de s'amuser ; il ne boit plus, il ne dort plus. On craint pour sa vie. Le chambellan en fait informer le roi, qui en est affligé et très inquiet. Il donne à Floire l'autorisation de revenir. Très contrarié, il apostrophe la reine :

— Cette intrigue, lui dit-il, la demoiselle a eu bien tort de l'ourdir, en vérité. Sans doute a-t-elle capté par quelque sortilège l'amour de mon fils. Faites-la-moi appeler tout de suite, je vais lui faire trancher la tête. Quand mon fils la saura morte, il l'oubliera vite.

— Seigneur, répond la reine, pour l'amour de Dieu, pitié ! Il y a au port[1] beaucoup de riches marchands de Babylone. Faites-la conduire au port pour y être vendue, tu peux en obtenir un très bon prix. Ils l'emmèneront, car elle est très belle. Vous n'entendrez plus parler d'elle et nous en serons débarrassés sans avoir commis aucun meurtre.

Le roi accepte, mais à contrecœur. Il envoie Blanchefleur au port et charge de l'affaire un bourgeois, négociant très habile qui sait parler plusieurs langues. Ce n'est pas par cupidité que le roi la fait vendre. Il aurait de beaucoup préféré sa mort à cent marcs d'argent.

---

[1] V. 411. Le texte du manuscrit A dit *a cest port,* ce qui désigne un port proche, sans doute celui où le roi avait débarqué à son retour de Galice. Au contraire, le ms. *V* dit *a cel port*, ce qui semble désigner un port éloigné —peut-être l'*Aumarie* médiévale, aujourd'hui *Almeria*—, porte de l'Orient, d'où, probablement, les marchands, et plus tard Floire, s'embarqueront pour *Baudas-Alexandrie*, le port de *Babylone-Le Caire*. Dans la seconde version (le *Roman*), le père du héros est roi d'Aumarie.

le pecié crient, por çou le lait.
Li marceans au port s'en vait   428
et a teus offre la pucele
qui l'acatent, car molt ert bele […],
trente mars d'or et vint d'argent,
et vint pailes de Bonivent,   432
et vint mantiaus vairs osterins,
et vint bliaus indes porprins,
et une ciere coupe d'or
qui fu emblee du tresor   436
au rice empereour de Rome,
ainc a plus ciere ne but home.

A grant mervelle fu bien faite
et molt fu soutiument portraite   440
par menue neeleüre ;
Vulcans le fist, s'i mist sa cure.
El hanap ot paint environ
Troies et le rice doignon,   444
et com li Griu dehors l'assaillent,
com au mur par grant aïr maillent,
et com cil dedens se deffendent,
quariaus et peus agus lor rendent.   448
En l'eur aprés fu painte Helaine,
comment Paris ses drus l'en maine.
D'un blanc esmail ot fait l'image,
assise en l'or par artimage.   452
Aprés i est com ses maris
le siut par mer, d'ire maris,
et l'os des Grius com il nagoit
et Agamennon quil menoit.   456
Ens el covercle de desus,
illoec ert paint comme Venus,
Pallas et Juno ensement
vinrent oïr le jugement   460
de Paris, car eles troverent
une pume, dont estriverent,

C'est par crainte du péché qu'il s'en tient à cette solution.

Le bourgeois se rend au port et propose la jeune fille à des marchands, qui l'achètent, car elle est très belle. En raison de sa beauté, ils ont payé sur-le-champ trente marcs d'or et vingt d'argent, vingt pièces de soie de Bénévent, vingt manteaux d'écureuil teints en pourpre, vingt bliauds fourrés teints en indigo et une précieuse coupe d'or qui avait été dérobée au trésor du puissant empereur de Rome : jamais homme n'avait bu à plus riche coupe.

C'était un ouvrage admirable, très délicatement décoré d'une très fine niellure. Vulcain en personne l'avait fabriqué, et il y avait mis tout son art. Tout autour du hanap était représentée Troie avec son puissant donjon ; on voyait les assaillants grecs porter de terribles coups aux murailles et les assiégés se défendre en lançant contre eux carreaux et épieux acérés. Tout le long du rebord se déroulait l'épisode de l'enlèvement d'Hélène par son amant Pâris. Vulcain avait représenté la scène en émail blanc serti dans l'or par un procédé magique. A côté on voyait le mari furieux qui engageait la poursuite sur la mer, et l'armée des Grecs qui cinglait, conduite par Agamemnon. Sur le couvercle étaient représentées Vénus, Pallas et Junon venues entendre le jugement de Pâris. Elles avaient en effet trouvé une pomme d'or fin au sujet de laquelle elles s'étaient querellées,

de fin or, u escrit estoit [b]
la plus bele d'eles l'aroit. 464
Cele pume a Paris livrerent
et en aprés li conjurerent
que la plus bele le donast
et celi que il mius prisast. 468
Cascune li promet granment,
que vers li soit au jugement :
Juno plenté de grant avoir
et Pallas prouece et savoir, 472
et Venus li promet la feme
que de totes autres ert geme.
Paris le pume li dona
et de sa feme le hasta ; 476
assés le voloit mius avoir
que sens, proëce ne avoir.
Et tres bien mostroit la painture
l'amor Paris et la grant cure, 480
com il ses nés aparilloit
et com por li par mer nagoit.

    Li coupiers ert ciers et vaillans,
d'une escarboucle reluisans ; 484
n'est soussiel si orbes celiers,
s'il i estoit, li boutilliers
ne peüst sans autre clarté
cler vin connoistre d'ysopé. 488
D'or avoit deseure un oisel
trifoire, qui molt par ert bel,
qui en son pié tenoit la geme,
plus bel ne vit ne hom ne feme : 492
c'ert vis celui qui l'esgardoit
que vis estoit, si voletoit.
Li rois Eneas l'em porta
de Troies quant il s'en ala, 496
si le dona en Lombardie
a Lavine, qui fu s'amie.

LE CONTE DE FLOIRE ET BLANCHEFLEUR

car il y avait une inscription qui disait que c'était la plus belle d'entre elles qui la posséderait. Elles remirent la pomme à Pâris et le prièrent de la donner à celle qu'il en jugerait le plus digne. Chacune lui fit une belle promesse pour qu'il prononçât le jugement en sa faveur. Junon lui promit abondance de richesse, Pallas vaillance et sagesse et Vénus la plus belle femme, la gemme qui resplendit parmi toutes les autres. Pâris attribua la pomme à cette dernière, et il la pressa de lui livrer cette femme : c'était elle que, de beaucoup, il préférait posséder plutôt que sens, vaillance ou richesse ! Et la scène exprimait bien l'amour de Pâris et son ardeur, alors qu'il préparait ses navires ou que pour elle il traversait la mer.

L'écrin était riche et précieux. Une escarboucle y étincelait : il n'est au monde de cellier, si obscur soit-il, où, muni de cet écrin, le sommelier ne puisse, sans autre éclairage, distinguer un vin pur d'un vin aromatisé à l'hysope. Elle était surmontée d'un très bel oiseau d'or ciselé qui tenait dans sa serre la pierre précieuse : homme ni femme n'en a jamais vu de plus beau. En l'observant, on avait l'impression qu'il était vivant et qu'il battait des ailes.

Le roi Énée avait emporté cette coupe quand il avait quitté Troie, et en Lombardie il l'avait donnée à Lavine, sa maîtresse.

Puis l'orent tot li ancissour
qui de Rome furent signor 500
dusqu'a Cesar, a cui l'embla
uns leres, qui la l'aporta
u li marceant l'acaterent
et por Blanceflor le donerent. 504
Çou l'en donent par droit marcié,
et il s'en font joiant et lié,
k'a double cuident gaaignier
se il s'en pueent repairier. 508
Li marceant ont bon oré,
en lor païs sont retorné,
en Babiloine l'ont menee,
a l'amiral l'ont presentee, 512
et il l'a tant bien acatee,
de son or l'a set fois pesee :
cele a gent cors et cler visage,
bien sanle feme de parage. 516
Por sa grant biauté molt l'ama
et bien garder le commanda.
Li marceant en sont tout lié,
car assés i ont gaaignié. 520
Et li borgois est revenus,
au roi fu tos l'avoirs rendus.

[La roïne s'est porpensee [c]
et si parla comme senee : 524
« Sire, fait ele, que dirons
quant vostre fil Flore verrons
et quant il repairiés sera,
s'amie nos demandera ? 528
Quant il demandera sa drue,
que dirons nos qu'est devenue ?
Par foi, jou ai molt grant paor
qu'il ne s'ocie por s'amor. 532
— Dame, fait il, or en pensés.
C'est vostre fius, sel confortés.

LE CONTE DE FLOIRE ET BLANCHEFLEUR 31

Ensuite, la coupe avait appartenu à tous ceux qui dans le passé furent les maîtres de Rome, jusqu'à César, à qui la déroba un voleur, qui l'apporta là où les marchands l'avaient achetée avant de la donner en échange de Blanchefleur.

Le marché conclu, les marchands remettent pour elle au bourgeois tout ce que j'ai dit, ils sont enchantés, car ils pensent en tirer le double s'ils rentrent à bon port.

Les marchands ont bon vent. Les voilà revenus dans leur pays. Ils ont amené Blanchefleur à Babylone et l'ont offerte à l'émir. Celui-ci l'a royalement payée : il a versé sept fois son pesant d'or ! C'est qu'elle est parfaite de corps et de visage ; on voit bien qu'elle est de noble parage. Séduit par sa grande beauté, l'émir tomba amoureux d'elle et la fit bien garder.

Les marchands sont ravis, car ils ont fait une très bonne affaire. Quant au bourgeois, il est revenu auprès du roi et lui a remis tout ce qu'il a reçu.[1]

[Après avoir bien réfléchi, la reine a parlé en femme avisée :

—Seigneur, que dirons-nous quand nous verrons notre fils, à son retour, et qu'il nous demandera son amie ? Quand il demandera celle qu'il aime, que lui dirons-nous qu'elle est devenue ? Ma foi, j'ai bien peur que par amour pour elle il ne se donne la mort.

—Madame, répond-il, occupez-vous-en. C'est votre fils : à vous de le consoler.

---

[1] V. 523-658. A la place de ces vers, le *ms. V* présente quatre vers que traduisent la saga et le *Floris* anglais. Ils viennent sûrement de l'original :
Et li reis fait aparaille   r
une <riche> tumbe al muster,   [*cf.* saga, ms. *N* : *rikuliga*]
et desus une pere mist
en qui un epitaffe escrist :...   [voy. v. 659]
"Et le roi fit préparer au moutier un magnifique tombeau, et il fit placer dessus une pierre sur laquelle il avait fait graver une épitaphe : ...". Pour la traduction *moutier*, voy. la n. au v. 3138)

— Sire, fait ele, a moi entent :
car faisons faire un tomblel gent, 536
fais soit de marbre et de cristal,
et d'or et d'argent li esmal.
« Morte est Blanceflor », ce dirons,
et nostre fil conforterons. 540
— Dame, fait il, tost l'estuet faire,
car Flores, çou saciés, repaire. »
Dont manderent machons vaillans
et boins orfevres bien sachans. 544
Faire lor fait un tel tomblel,
nus hom de char ne vit si bel.
La tombe fu molt bien ovree,
d'or et d'argent iert neelee. 548
N'a soussiel beste ne oisel
ne soit escrit en cel tomblel,
ne serpent c'on sace nomer,
poisson de douce aige et de mer. 552
Devant un mostier, sos un arbre,
sist la tombe, qui fu de marbre.
Une piere ont desus assise
que orfevre fisent de Frise. 556
Cele piere qui sus gisoit
de tres fin marbre faite estoit,
inde, vert et gausne, vermel ;
molt reluisoit contre solel, 560
si fu entaillie environ
de la trifoire Salemon.
Entremis i sont a cristal
d'or et d'argent tot li esmal. 564
Desor la tombe ot tresjetés
deus biaus enfans tres bien mollés.
Onques nus hom si bien sanlans
d'or ne vit faire deus enfans. 568
Li uns des deus Flore sanloit
plus que riens nule qui ja soit.

—Seigneur, dit-elle, écoutez-moi. Faisons édifier un beau tombeau ; qu'il soit fait tout en marbre et en cristal, et décoré d'émaux d'or et d'argent. Nous dirons à notre fils que Blanchefleur est morte, et nous le consolerons.

—Madame, il faut faire vite, car Floire, pensez-y, est en route.

Alors ils firent venir de bons maçons et de très habiles orfèvres. Le roi leur fit faire le plus beau monument qu'un mortel ait jamais vu. La tombe était admirablement décorée de niellures sur or et argent[1]. Il n'est au monde de bête[2] ou d'oiseau, on ne saurait nommer reptile ni poisson d'eau douce ou de mer quine soit représenté sur ce tombeau. La tombe de marbre se trouvait devant une chapelle, sous un arbre. n avait placé dessus une pierre qu'avaient sculptée des orfèvres de Phrygie. Cette dalle était de marbre très fin, veiné de bleu, de vert de jaune et de rouge : elle chatoyait sous le soleil. Tout le pourtour en avait été magnifiquement[3] ciselé. Les émaux enchâssés dans le cristal y étaient tous sertis d'or et d'argent.

On avait dressé au-dessus de la tombe les statues, fondues dans des moules parfaits, de deux beaux enfants. Nul n'a jamais vu mouler en or deux enfants d'aussi bel aspect. L'une des deux statues reproduisait les traits de Floire avec on ne peut plus de ressemblance ;

---

[1] V. 548. L'incrustation de l'émail noir, ou travail de niellure, se fait sur fond métallique, ici sans doute sur des placages d'or et d'argent.

[2] V. 549. *beste* semble renvoyer aux bêtes à poils (bestiaux, bêtes sauvages), et *serpent* aux reptiles. La taxinomie suit de loin la *Genèse*, I, 26 : « les poissons de la mer, les oiseaux du ciel, les bestiaux, toutes les bêtes sauvages et toutes les bestioles qui rampent sur la terre ».

[3] *la trifoire Salemon* : ciselure particulièrement fine.

L'autre ymage ert ensi mollee
comme Blanceflor ert formee.   572
Et li ymage Blanceflor
devant Flore tint une flor ;
devant son ami tint la bele
une rose d'or fin novele.   576
Flores li tint devant son vis
d'or une gente flor de lis.
L'uns jouste l'autre se seoit,
gente contenance faisoit.   580
Desor le cief Flore l'enfant
ot un escarboucle luisant ;
par nuit oscure veoit on   [d]
une liue tot environ.   584
En la tombe ot quatre tuiaus
as quatre cors, bien fais et biaus,
es queus li quatre vent feroient
cascuns ausi com il ventoient.   588
Quant li vens les enfans toucoit,
l'un baisoit l'autre et acoloit,
si disoient par ingremance
trestout lor bon et lor enfance.   592
Ce dist Flores a Blanceflor :
« Basiés moi, bele, par amor. »
Blanceflor respont en baisant :
« Je vos aim plus que riens vivant. »   596
Tant com li vent les atoucoient
et li enfant s'entrebaisoient,
et quant il laissent le venter,
dont se reposent de parler.   600
Tant doucement s'entresgardoient
que c'ert avis que il rioient.
Au cief desus de cel tomblel
avoit planté un arbrisel ;   604
molt estoit biaus et bien foillis
et de flors ert adés garnis ;

l'autre statue avait été moulée à l'effigie de Blanchefleur. Et la statue de Blanchefleur tendait à celle de Floire une fleur ; c'était une fraîche rose d'or fin que la belle offrait à son ami. Floire tendait vers le visage de son amie une belle fleur de lis. Ils étaient assis côte à côte dans une gracieuse attitude.

Au-dessus de la tête de Floire il y avait une escarboucle étincelante. Par nuit noire elle éclairait jusqu'à une lieue à la ronde. Aux quatre coins de la tombe il y avait quatre beaux tuyaux bien agencés : les quatre vents, quand ils soufflaient, pouvaient s'y engouffrer, chacun dans le sien. Quand le vent atteignait les enfants, ces derniers se prenaient par le cou et échangeaient des baisers et —prouesse de magie !— de tendres paroles. Floire disait à Blanchefleur : « Belle[1], donnez-moi un tendre baiser ! » et Blanchefleur, tout en le baisant, lui répondait : « Je vous aime plus que tout au monde ! ». Aussi longtemps que le souffle des vents les atteignait, les enfants échangeaient des baisers, et quand le souffle retombait, ils cessaient de se parler. Ils se regardaient l'un l'autre avec tant de douceur qu'on aurait dit qu'ils souriaient.

Au chevet de ce tombeau avait été planté un très bel arbuste pourvu d'un abondant feuillage ; il était perpétuellement fleuri,

---

[1] V. 594. *biau, bele* : ces deux adjectifs sont très souvent purement affectifs (*cf. biaus dous amis, bele amie, biaus filz* etc.). *Bele* équivaut à un "ma chérie", qui serait sans doute trop trivial pour le ton de ce passage.

totes sont cargies les brances
et les flors noveles et blances. 608
Cius arbres a a non benus ;
ja un seul point n'en ardra fus.
As piés par devers le solel
avoit un turabim vermel ; 612
soussiel nen a plus bele cose,
plus ert bele que flors de rose.
A destre part ot un cresmier
et a senestre un balsamier ; 616
n'ert en cest siecle tele odour
qui vausist cele de la flour,
car de l'un basmes decouroit
et de l'autre cresmes caoit. 620
Cil qui les quatre arbres planterent
trestos les dieus en conjurerent,
au planter tel conjur i firent
que toustans cil arbre florirent. 624
Bien sont flouri cil arbrisel,
tous tans i cantent mil oisel.
La oïssiés tel melodie,
onques tele ne fu oïe. 628
Tel melodie demenoient
li oisel qui illoec cantoient,
se damoisiaus les escoutast
ne pucele, por qu'ele amast, 632
de ces dous cans que il oïssent
d'amors si tres fort espresissent
qu'il se courussent embracier,
l'uns l'autre doucement baisier. 636
Se nules gens les escoutaissent
qui ja d'amor ne se penaissent,
de la douçor que il oïssent
isnellepas s'en endormissent. 640
Entre ces quatre arbres seoit
cele tombe qui faite estoit.

les branches en étaient généreusement chargées de fleurs fraîches et blanches. Cet arbre s'appelle ébène ; jamais feu ne l'endommagera si peu que ce soit. Au pied de la tombe, du côté où se lève le soleil, il y avait un térébinthe rouge d'une incomparable beauté, plus éclatant qu'un rosier en fleurs. A droite il y avait un arbre à chrême et à gauche un baumier ; aucun parfum au monde ne saurait égaler celui de leurs fleurs, car de l'un s'écoulait du baume et de l'autre tombait du chrême. Ceux qui plantèrent ces quatre arbres avaient invoqué tous les dieux ; en les plantant ils avaient prononcé un charme dont le pouvoir était tel qu'ils ne cessaient de donner des fleurs. Ces arbustes sont abondamment fleuris et hantés de mille oiseaux qui y chantent sans cesse. Vous auriez pu entendre là une musique d'une extraordinaire beauté ; le chant des oiseaux y produisait un tel concert qu'un jeune homme et une jeune fille, pourvu qu'ils fussent amoureux, s'embraseraient violemment sous le charme de ce doux ramage et se précipiteraient dans les bras l'un de l'autre pour échanger de tendres baisers. Mais si des personnes indifférentes à l'amour venaient à entendre ces chants, la douceur de ce ramage les endormait sur-le-champ.

Ce magnifique tombeau avait été placé entre ces quatre arbres.

Onques mais por une pucele
ne cuit que fust faite tant bele. 644
De rices listes ert listee, [249a]
de ciers esmaus avironee.
Pieres i a qui vertus ont
et molt grans miracles i font, 648
jagonses, saffirs, calcedoines,
et esmeraudes et sardoines,
pelles, coraus et crisolites
et diamans et ametites, 652
et ciers bericles et filates,
jaspes, topaces et acates.
Toute ert la tombe neelee,
de l'or d'Arrabe bien letree. 656
Les letres de fin or estoient,
et en lisant çou racontoient :]
« Ci gist la bele Blanceflor,
a cui Flores ot grant amor. » 660
A tant es Flore repairié,
quant de son pere ot le congié.
Il descent jus del palefroi
en la sale devant le roi. 664
Son pere et sa mere salue,
puis lor demande de sa drue.
Cil se tardent de respons rendre.
Isnelement es cambres entre ; 668
la mere a la mescine trueve
a cui son corage descuevre :
« Dame, fait il, u est m'amie ? »
Cele respont : « El n'i est mie. 672
— U est ? — Ne sai. — Vos l'apelés !
— Ne sai quel part. — Vos me gabés.
Celés la vos ? — Sire, nonal.
— Par Diu, fait il, çou est grant mal ! » 676
Quant cele mais celer nel puet,
pitié ot grant, plorer l'estuet.

Je ne crois pas que l'on ait jamais, pour une fillette, édifié un aussi beau tombeau. Il était décoré de riches frises sculptées et tout autour on avait serti de précieux émaux. Il y avait là des pierres douées de propriétés magiques, capables de produire de grands prodiges : hyacinthes, saphirs, calcédoines, émeraudes, cornalines, perles, coraux, chrysolithes, diamants, hématites, béryls précieux, phyllades, jaspes, topazes et agates. La tombe était entièrement décorée d'un travail de nielle et ornée d'une inscription en or d'Arabie[1]. Les lettres gravées étaient dorées à l'or fin et l'on pouvait lire][2] : CI-GÎT LA BELLE BLANCHEFLEUR QUE FLOIRE AIMAIT D'UN IMMENSE AMOUR.

Sur ces entrefaites Floire est revenu, dès qu'il en a reçu la permission de son père. Il descend de son palefroi dans la salle du palais, devant le roi. Il salue son père et sa mère, puis les interroge au sujet de son amie. Comme ils tardent à répondre, il se précipite dans les chambres, trouve la mère de la jeune fille et lui dévoile ce qui tourmente son cœur :

— Madame, dit-il, où est mon amie ?
— Elle n'est pas ici, lui répond-elle.
— Où est-elle ?
— Je l'ignore.
— Appelez-la !
— Je ne sais où la trouver.
— Vous vous moquez de moi. La cachez-vous ?
— Non, seigneur.
— Quelle mauvaise plaisanterie !

Quand elle ne put plus dissimuler, elle éprouva un chagrin si violent qu'elle ne put s'empêcher de pleurer.

---

[1] V. 656. Il faut sans doute comprendre *des arabesques*.
[2] V. 658. Voy. *supra* la note au v. 523.

En plourant li a dit : « Morte est.
— Puet estre voirs ? — Oïl, voirs est.   680
— U est li cors, u ? — El mostier.
— Et quant fu morte ? — Uit jors ot ier
que si est morte Blanceflour,
voire, sire, por vostre amor. »   684
Ele mentoit a essïent,
c'au roi en ot fait sairement.
Quant Flores ot qu'ele estoit morte,
molt durement se desconforte,   688
la color pert, li cuers li ment,
tos pasmés ciet el pavement.
La crestiiene s'esbahi,
de la paor jeta un cri.   692
Li cris fu haus, que li rois l'ot ;
courant i vint que plus tost pot.
La roïne y reva courant.
Grant doel ont fait de lor enfant.   696
Il s'est pasmés en molt poi d'eure
trois fois ; quant revint, forment pleure :
« La mors, fait il, por coi m'oublie,
quant perdu ai ensi m'amie ?   700
Dame, fait il, car me menés
a se tombe, se le savés. »
Li rois a la tombe l'en maine.
Flores i va a molt grant paine   704
et vit l'escrit de Blanceflor
a cui Flores ot grant amor.
trois fois le list, lors s'a pasmé   [b]
ains c'un seul mot eüst parlé.   708
Aprés s'assist li damoisel
desor la piere del tomblel.
Durement commence a plorer
et Blanceflor a regreter :   712

En larmes, elle lui répond :
— Elle est morte.
— Est-ce possible ?
— Oui, c'est la vérité.
— Où se trouve son corps ? Où ?
— Au moutier.
— Et quand est-elle morte ?
— Cela a fait huit jours hier que Blanchefleur est morte, en vérité, seigneur, par amour pour vous.

Mensonge convenu ! C'était le roi qui lui avait fait jurer qu'elle répondrait ainsi.

Quand Floire entendit annoncer que Blanchefleur était morte, il se sentit défaillir ; il devint tout pâle, s'évanouit et s'effondra sans connaissance. La chrétienne, désemparée, poussa un cri de frayeur. Elle avait crié si fort que le roi l'entendit. Il accourut sans perdre un instant. La reine vint elle aussi en courant. Tous deux se lamentent pour leur enfant. Par trois fois, en un court laps de temps il reperdit connaissance. Quand il revint à lui, il se mit à pleurer abondamment.

— Pourquoi la mort m'oublie-t-elle, disait-il, alors que j'ai perdu celle que j'aime ? Madame, menez-moi à sa tombe, si c'est possible.

Le roi le conduit jusqu'à la tombe. Tant bien que mal, Floire l'y suit. Il a vu l'épitaphe de « Blanchefleur que Floire aimait d'un immense amour ». Il l'a relue trois fois et s'est évanoui sans avoir pu émettre une seule parole. Puis le jouvenceau[1] s'est assis sur la pierre tombale. Il s'est mis à pleurer et à exhaler sa plainte sur la disparition de Blanchefleur :

---

[1] V. 709. *juvencel* dans le ms. *V* (sujet non marqué, comme *damoisel* dans *A*).

« Oï ! Blanceflor ! Blanceflor !
Ja fumes nos né en un jor
et en une nuit engenré,
si com nos meres ont conté.   716

» Nouri avons esté ensamble :
bien deüssons, si com moi samble,
ens en un jor issir de vie
se la mors fust a droit partie.   720

» Ahi ! Blanceflor, cler visage !
Onques feme de vostre eage
ne vi plus bele ne plus sage,
de coi que fuissiés de parage.   724

» Morte estes, precïeuse jeme !
Ja mais n'en ert plus bele feme.
Bele, nus ne porroit descrire
vostre biauté, ne bouce dire.   728

» Car la matere teus seroit
que nus hom a cief nel trairoit ;
sa crigne, son cief, son visage,
quel descriroit molt seroit sage.   732

» Ha ! tenre face couloree,
desor vos ne fu onques nee
qui portast si bien caasté,
s'aviés la forme de biauté.   736

» Humle estiiés et honerable,
et as besoigneus secourable,
petit et grant tot vos amoient
por la bonté qu'en vos trovoient.   740

» Bele, forment nos entramiens
et en escrivant consilliens ;
l'uns a l'autre son bon disoit
en latin, nus ne l'entendoit.   744

» Ha ! Mors, tant par es enuieuse,
de pute part, contralieuse,
ja apelee ne venras,
ne ciaus qui t'aimment n'ameras.   748

« Hélas, Blanchefleur ! Blanchefleur ! Nous étions nés un même jour, nous avions été conçus une même nuit : c'est ce que nos mères nous ont rapporté.

» Nous avons été élevés ensemble : nous aurions dû, me semble-t-il, quitter la vie le même jour si la mort était équitablement distribuée.

» Ah ! lumineuse Blanchefleur ! Quel qu'ait pu être votre rang, jamais je n'ai vu femme de votre âge plus belle ni plus sage.

» Vous voilà morte, précieuse gemme ! Jamais il n'y aura de femme plus belle que vous ; belle amie, nul ne pourrait décrire votre beauté, nulle bouche ne saurait l'exprimer !

» La difficulté du sujet aurait de quoi décourager toutes les tentatives : cette tête, cette chevelure, ce visage, bien habile qui saurait les décrire !

» Ah ! tendre visage aux belles couleurs ! Personne n'a jamais mieux que vous porté l'enseigne de chasteté, et vous étiez la beauté personnifiée.

» Vous étiez pour autrui accessible et obligeante, et secourable aux malheureux : humbles ou grands, tous vous aimaient pour la générosité qu'ils trouvaient en vous.

» Belle, nous éprouvions l'un pour l'autre un amour immense ; nous nous disions nos petits secrets par écrit ; nous nous exprimions en latin, et personne ne pouvait nous comprendre.

» Ah, Mort ! Tu es si cruelle, si perverse, si contrariante que tu ne viendras pas si l'on t'appelle, tu n'aimeras pas ceux qui t'aiment.

» Et ciaus qui te heent plus aimmes
et la u ne voelent les mainnes ;
ne se poet defendre Savoirs
vers toi, Proëce ne Avoirs.   752

» Quant hom mius vaut et il doit vivre,
dont t'entremés de lui ocirre ;
quant doit avoir en son jovent
joie, tu li taus soudement.   756

» Mais quant vois aucun mendiant
qui de viellece va tranlant,
il t'apele por sa viellece,
ne veus oïr sa grant destrece.   760

» Quant tu m'amie me tolis
qui vivre voloit, tort feïs ;
or refais tort, quant voel morir   [c]
et jou t'apel, ne veus venir.   764

» Mors, tu me fuis, jou te sivrai ;
Tu te repons, jou te querrai :
par Diu, qui de cuer veut morir,
ne li pués pas longes guencir.   768

» Quant aucuns dolereus t'apele,
adont torne bien ta roëlle ;
tu veus avoir regré et prés,
adont te caient bien tes dés.   772

» Par foi, mais ne te proierai,
ains qu'il soit vespres m'ocirrai.
Des or mais haiç jou ceste vie
quant j'ai perdu ma douce amie.   776

» M'ame le m'amie sivra,
en Camp Flori le trovera
u el keut encontre moi flors,
car molt se fie en nos amours.   780

» Molt hastivement le sivrai
et au plus tost com ains porrai.
Ele m'ara proçainement
en Camp Flori u el m'atent. » […]   784

» Ceux qui te haïssent sont tes préférés et tu les emmènes là où ils ne veulent pas aller : ni Sagesse, ni Vaillance, ni Richesse ne peuvent te tenir tête.

» L'être qui a le plus de valeur et qui mérite le plus de vivre, tu t'appliques à le tuer ; s'il est digne de connaître la joie dans sa jeunesse, tu la lui ôtes brusquement.

» Mais quand tu vois un gueux qui traîne sa vieillesse tremblante et qui à cause d'elle t'appelle à son secours, tu ne veux pas écouter sa grande détresse.[1]

» Lorsque tu as pris mon amie, elle qui ne demandait qu'à vivre, tu as commis un crime ; tu en commets un autre en refusant de venir alors que je veux mourir et que, moi, je t'appelle.

» Mort, tu me fuis, je te poursuivrai ; tu te caches, je te chercherai : par le Ciel, celui qui veut vraiment mourir, tu ne peux lui échapper longtemps !

» Puisque c'est un infortuné qui t'appelle, eh bien ! te voilà bien servie ! Toi qui aimes les plaintes et les supplications, c'est ta chance !²[2]

» Pour moi, je le jure, je ne te supplierai pas davantage ; avant ce soir je me serai tué : je hais désormais cette existence, puisque j'ai perdu ma douce amie.

» Mon âme va rejoindre celle de mon amie ; elle la trouvera au Champ Fleuri, en train de cueillir des fleurs pour venir à ma rencontre me les offrir, tant elle est fidèle à notre amour.

» Je vais la suivre sans tarder, le plus tôt possible, et je vais être très bientôt à elle, au Champ Fleuri où elle m'attend. »

---

[1] V. 760. L'ajout (voyez LEÇONS REJETÉES) d'un *quatrain* amplificateur dans *A* —et aussi, avec d'importantes variantes, dans *B*— déséquilibre l'organisation du *planctus* (8 quatrains s'adressent à Blanchefleur, 8 apostrophent la Mort, 2 concluent par la décision du suicide) et rompt la suite des idées.

[2] V. 769-772. L'allégorie de la Mort croise ici celle de Fortune et de sa roue (roëlle). Les dés qui « tombent bien » évoquent la *chance*, que la Mort devrait saisir, selon Floire.

<A tant s'est dreciés en estant
com cil cui s'amour vait hastant.>   992
Un grafe trait de son grafier,   [249b]
d'argent estoit, molt l'avoit cier
por Blanceflor qui li dona
le darrain jor k'a lui parla,   996
quant il en ala a Montoire.
Dont parla a sa grafe Floire :
« Grafe, fait il, por çou fus fait
que fin mesisses a cest plait.   1000
Moi te dona por ramembrer
de soi et a son oés garder
Blanceflor. Mais or fai que dois,
a li m'envoie, car c'est drois.   1004
Molt me calenge Blanceflor,
en ma vie trop i demor. »
En son cuer bouter le voloit ;   [c]
quant sa mere çou aperçoit,   1008
seure li court, le grafe prent,
si le castie doucement.
Mere que mere, por morir
ne pora mais ce doel soffrir.   1012
« Fius, fait ele, molt es enfans
quant de ta mort es porquerans.
N'est soussiel hom, s'il doit morir
et de la mort puisse sortir,   1016
mius ne vausist estre mesel
et ladres vivre en un bordel
que de mort soffrir le trespas.
Fius, mort soffrir ce n'est pas gas.   1020
Se vos ensi vous ociés,
en Camp Flori ja n'enterrés
ne vos ne verrés Blanceflor :
cil cans ne reçoit pecheor.   1024
Infer son calenge i metroit :
la irés, biaus fius, orendroit.

LE CONTE DE FLOIRE ET BLANCHEFLEUR   att suicide   47

[...] <Alors, aiguillonné par l'amour, l'enfant s'est redressé>. Il retira de son écrin un stylet d'argent auquel il tenait beaucoup parce que c'était Blanchefleur qui le lui avait donné le dernier jour où elle lui avait parlé, lors de son départ pour Montoire.

Floire apostropha son stylet :

— Stylet, dit-il, tu as été fait pour mettre fin à mon malheur[1]. Blanchefleur t'avait offert à moi afin que je me souvienne d'elle et que je te garde pour son service[2]. Fais maintenant ton devoir, envoie-moi vers elle, le moment est venu[3]. Blanchefleur me réclame avec insistance, car je m'attarde trop en cette vie.

Il tente de se le plonger dans le cœur. Sa mère voit son geste, accourt vers lui, saisit le stylet et le conjure tendrement de ne pas agir ainsi. Une mère est une mère : elle donnerait sa vie pour ne pas avoir à supporter plus longtemps que son fils souffre ainsi.

— Mon fils, dit-elle, tu es fou de vouloir te donnera mort ! Il n'est personne ici-bas qui, se trouvant sur le point de mourir, s'il a une chance d'échapper à la mort, ne préférât être lépreux et vivre dans une misérable léproserie plutôt que de franchir le pas de la mort. Mon fils, affronter la mort, ce n'est pas une mince affaire ! Si vous vous tuez ainsi, vous n'entrerez pas au Champ Fleuri pour retrouver Blanchefleur : on n'y reçoit pas de pécheurs. L'Enfer réclamerait son dû : c'est là, mon fils, que vous iriez directement.

---

[1] V. 1000. *a cest plait* : 'au drame que je suis en train de vivre'. La leçon adoptée pour ce passage est empruntée au ms. *V*.

[2] V. 1002. *a son oés* 'pour elle', 'pour la servir' est la leçon de *V*. La leçon de *A a mon oés* affaiblit le sens. Floire détourne ici l'intention de Blanchefleur, qui voulait que Floire utilisât ce stylet *pour lui écrire*, alors que lui veut s'en servir *pour la rejoindre dans la mort*. La *lectio facilior* de *B o moi bien garder* est indifférente.

[3] V. 1004. Littéralement : "ce n'est que justice, c'est ce qui convient".

Minor, Thoas, Rodomadus,
cil sont jugeor de la jus,   1028
en infer font lor jugement,
cil vos metroient el torment,
la u est Dido et Biblis,
qui por amor furent ocis,   1032
qui par infer vont duel faisant
et en infer lor drus querant.
Eles les quierent et querront
tos jors, ne ja nes troveront.   1036
Biaus dous ciers fius, or te conforte,
car ains l'aras vive que morte.
Jou cuit trover tel medecine
par coi revenra la mescine.   1040
Plorant en est venue au roi :
« Sire, fait ele, entent a moi.
Jou te requier por diu le grant
k'aies pitié de ton enfant.   1044
Ja s'ocesist, quant l'aperçui,
d'une grafe, mais tant prés fui
que ainç qu'il s'en eüst garni
des mains le grafe li toli.   1048
— Dame, fait il, et cor souffrés !
Cest duel laira, vos le verrés.
— Voire, fait ele, par morir !
Car il morra por çou soffrir.   1052
De tous enfans plus n'en avons,
et cestui de gré si perdons !
Si dira on par cest païs
que nos de gré l'avons ocis.   1056
— Dame, fait il, qu'en volés vos ?
Dirons li dont ? — Biaus sire, oi nos,
car tot ensanle les avrés
u ambesdeus por l'un perdrés. »   1060

Minos, Thoas[1] et Rhadamante —ce sont les juges d'En-bas, qui prononcent leurs jugements en Enfer—, vous enverraient au supplice, là où sont Didon et Byblis[2], qui s'étaient donné la mort par désespoir amoureux et qui, en quête de leurs amants, traînent leur douleur à travers l'Enfer. Elles les cherchent et chercheront éternellement sans jamais les trouver ! Mon cher enfant, reprends courage, car tu l'auras plutôt vivante que morte. Je pense trouver un remède capable de faire revenir la jeune fille.

Elle se rend en larmes chez le roi :

— Seigneur, écoute-moi ! Pour l'amour du dieu suprême[3], je te conjure de prendre en pitié ton enfant. Il a failli se tuer avec un stylet, mais je m'en suis rendu compte ; je me suis trouvée assez près pour lui arracher le stylet sans lui laisser le loisir de résister.

— Madame, prenez patience. Il mettra fin à ses pleurs, vous verrez.

— Certes, répond-elle, par sa mort ! Car il souffre tant qu'il en mourra. Nous n'avons pas d'autre enfant et voilà que nous sommes en train de perdre sciemment celui-ci. On dira dans le pays que nous l'avons tué délibérément.

— Madame, dit-il, que voulez-vous que nous fassions ? Lui dirons-nous la vérité ?

— Oui, seigneur, car vous les conserverez en vie tous les deux, ou alors en perdant l'un vous les perdrez tous les deux !

---

[1] V. 1027. *Thoas* (personnage sans rapport avec les Enfers) s'est substitué très tôt dans la tradition manuscrite (à moins que l'erreur n'incombe à l'auteur), au nom d'Éaque (dont la forme aurait pu être *Eas* ?).

[2] V. 1031. Voy. Leclanche, « *Biblis* : Métamorphose médiévale d'un conte ovidien », dans *Mélanges [...] offerts à Alice Planche* (*Annales de la Faculté des lettres et sciences humaines de Nice*, n° 48), Paris, Les Belles Lettres, 1984, vol. II, p. 287-297.

[3] La formule *por diu le grant* a l'allure d'une formule chrétienne. Mais si pour Floire on peut admettre une conversion implicite sous l'influence de Blanchefleur, il paraît exclu qu'il en aille de même pour la reine.

La dame ot lors le cuer joiant.
Repairie est a son enfant :
« Biaus fius, fait ele, par engien,
par le ton pere et par le mien, 1064
fesins cest tomblel faire ci.
El n'i est pas, mais tot ensi
voliemes que tu l'oubliasses [d]
et par no consel espousaisses 1068
la fille d'aucun rice roi
qui honerast et nos et toi.
Nos voliemes que Blanceflor
n'eüst a toi plus nule amor, 1072
por çou que crestiiene estoit,
povre cose de bas endroit.
En autre terre l'ont menee
marceant qui l'ont acatee. 1076
Fius, fait ele, por Diu, merci !
car tot est voirs çou que je di,
c'est grant doel, fius, ne maine mais,
en cest païs remain en pais. [...] 1080
— Dame, fait il, dites vos voir ?
— Fius, fait ele, tel pués veoir. »
A tant la piere ont soslevee.
Quant il desous ne l'a trovee, 1084
Diu en rent grasses et mercie
quant sot que vive estoit s'amie.
Quant il le sot, errant jura
que il querre partout l'ira. 1088
Molt se vante qu'il l'ira querre,
ja n'ert en si sauvage terre
qu'il ne le truist ! Puis revenra,
a grant joie le ramenra. 1092
Sa joie li fait oublïer
tot le travail de li trover.
Signor, ne vos esmervilliés,
car qui d'Amors est justiciés, 1096
çou cuide faire certement
dont s'esmervellent molt de gent.

Le cœur joyeux, la dame est retournée auprès de son enfant :

— Mon fils, c'est par ruse que ton père et moi-même avons fait édifier ce tombeau. Blanchefleur ne s'y trouve pas. Par ce stratagème, nous voulions que tu l'oublies et que, sur notre conseil, tu épouses la fille de quelque puissant roi dont l'alliance nous aurait fait honneur, à nous et à toi-même. Nous voulions te détacher de l'amour de Blanchefleur, parce que c'est une chrétienne, un être humble, de rang inférieur. Des marchands l'ont achetée et emmenée dans un autre pays. Au nom du Ciel, mon fils, pitié ! Oui, ce que je te dis est l'entière vérité : cesse donc de t'abîmer dans la douleur, mon fils, et reste en paix dans notre pays.

— Madame, demande-t-il, dites-vous vrai ?

— Mon fils, répond-elle, tu peux le voir toi-même.

Ils ont alors soulevé la pierre tombale. Dessous, Floire n'a point trouvé de Blanchefleur : il bénit Dieu[1] et lui rend grâces maintenant qu'il est sûr que son amie est en vie. Sachant cela, il jure sur-le-champ qu'il ira la chercher où qu'elle soit ; il se fait fort de parvenir jusqu'à elle : elle ne saurait être en contrée si sauvage qu'il ne puisse l'y retrouver. Une fois qu'il l'aura retrouvée, quelle fête quand il la ramènera ! Sa joie l'empêche de songer à toutes les peines qu'il devra endurer pour la retrouver.

Seigneurs, n'en soyez pas étonnés, car l'être qu'Amour gouverne est persuadé qu'il peut accomplir des prouesses que beaucoup croient impossibles.

---

[1] V. 1085. Floire semble bien s'adresser au dieu des Chrétiens, comme dans presque toutes les autres invocations qui lui sont attribuées (voy. v. 1664). Au v. 1587, il est prudent et invoque *tous ses dieux* lorsqu'il aborde le pontonnier de Babylone ; au v. 1664 il s'exprime à nouveau en Chrétien).

C'est en Calcide et en Platon
que pas ne cuidera nus hom 1100
qu'estre puist fait çou que fera
cil qui d'amors espris sera.
De çou qu'est vive fait grant joie
et dist qu'il ne li caut qui l'oie, 1104
<que por noient s'en peneroit
li rois, que ja autre n'aroit.>
Es le vos au roi revenu ;
li rois liés et joians en fu 1108
quant il le vit, et puis irié
quant il li demande congié
d'aler querre la damoisele,
quant il de li ne set novele 1112
ne ne set dire ne penser
u il le doie querre aler.
Le consel blasme a la roïne
par cui il vendi la mescine. 1116
L'eure maudist que fu vendue,
car son fil pert quant l'a perdue.
Mil mars d'argent por li donroit
et quank'ot arriere rendroit 1120
s'il le trovoit ; mais non fera,
voelle u non s'en consïerra.
« Fius, fait li rois, cor remanés !
— Par foi, fait il, grant tort avés : 1124
com plus mon oirre hasterés, [250a]
et moi et li plus tost rarés.
— Fius, quant remanoir ne volés,
dites u querre le devés, 1128
car vostre volenté ferai,
çou que mestiers ert vos donrai,
ciers pailes et or et argent,
biaus dras et mules en present. 1132
— Sire, fait il, or m'escoutés,
vostre merci, et si l'orrés :

Selon Chalcidius et Platon[1], nul ne saurait imaginer quels prodiges peut accomplir celui que l'amour a embrasé.

Floire est fou de joie de savoir Blanchefleur en vie. Il déclare, sans se soucier de qui peut l'entendre, que le roi aura beau faire, il n'épousera personne d'autre qu'elle.

Le voilà revenu devant le roi, qui se réjouit d'abord de le voir, mais est bientôt consterné quand Floire lui demande l'autorisation de partir à la recherche de la jeune fille, car il ne sait rien à son sujet et ne peut dire ni même imaginer rien qui puisse orienter sa quête. Il en veut à la reine de lui avoir donné le conseil de vendre la gamine. Il maudit l'heure où il l'a vendue, car, pour l'avoir perdue, il perd son fils. Il donnerait pour la retrouver mille marcs d'argent et rendrait tout ce qu'il avait reçu pour la vente ! Peine perdue ! qu'il le veuille ou non, il devra se résigner.

— Mon fils, dit le roi, ne partez pas !

— Ma foi, dit Floire, vous perdez votre temps : plus vous hâterez mon voyage, plus vite vous nous reverrez, elle et moi.

— Mon fils, puisque vous ne voulez pas rester ici, dites-moi où vous comptez aller la chercher : je ferai ce que vous demanderez ; je vous donnerai ce dont vous aurez besoin, des tapis précieux, de l'or, de l'argent, de riches étoffes et des mules.

— Père, écoutez-moi, s'il vous plaît, vous allez tout savoir.

---

[1] V. 1099. Ni dans le *Timée* (la seule œuvre de Platon connue à l'époque), ni dans le *Commentaire* qu'en a fait Chalcidius, on ne trouve rien de tel. Il y a cependant dans le *Commentaire* une citation de la *République* de Platon où il est dit qu'en songe « la part bestiale de l'homme ose n'importe quoi ». L'auteur aurait pu aussi bien citer l'adage de Virgile, *Buc.*, X, 69, *omnia vincit amor*, idée qui parcourt le *Conte* bien qu'elle ne soit jamais mentionnée explicitement.

comme marceans le querrai ;
set somiers avoec moi menrai, 1136
les deus cargiés d'or et d'argent
et de vaissiaus a mon talent,
le tiers de moneés deniers,
car tos jors me sera mestiers, 1140
et les deus, sire, de ciers dras,
des millors que tu troveras,
les daarrains de sebelines,
de cieres pennes marterines, 1144
et set homes as set somiers,
et avoec moi trois escuiers
qui nostre mangier porquerront
et nos cevaus nos garderont. 1148
Vostre cambrelenc, sire roi,
s'il vos plaist, envoiés o moi,
car bien set vendre et acater
et au besoing consel doner. 1152
Partot sera nostre okisons
nostre marcié querant alons.
Et se nos le poons avoir
por nul marcié de nostre avoir, 1156
nos en donrons molt largement,
puis revenrons hastivement. »
Li enfes fine sa raison.

Et li rois fu molt gentius hom, 1160
trestot li a aparillié.
Quant vint au prendre le congié,
li rois la coupe a demandee
qui por Blanceflor fu donee : 1164
« Fius, fait il, cesti porteras.
Puet estre que por li aras
celi qui por li fu vendue.
— Sire, qui ? — Blanceflor, ta drue. » 1168

C'est déguisé en marchand que je vais aller à sa recherche. J'emmènerai avec moi sept mules de bât : deux chargées d'or, d'argent et de vaisselle précieuse à ma discrétion ; la troisième d'espèces sonnantes car j'en aurai besoin en permanence ; deux autres, seigneur, chargées de fines étoffes, les plus belles que tu pourras trouver ; les dernières de zibelines et de peaux de martre précieuses. Je veux sept hommes pour mener les sept mules, et trois écuyers pour mon service : ils auront à pourvoir à notre subsistance et s'occuperont de nos chevaux. Et votre chambellan, seigneur, faites qu'il vienne avec moi, car il est expert dans l'art de vendre et d'acheter et il sait au besoin donner de bons conseils. Partout nous expliquerons que nous faisons du commerce. Et si nous pouvons racheter Blanchefleur en échange de nos richesses, nous en donnerons sans barguigner et nous reviendrons au plus vite.

Après quoi, l'.

Le roi s'est comporté noblement. Il lui a tout fait préparer.

Quand Floire vint prendre congé de ses parents, le roi demanda la coupe qui lui avait été donnée en échange de Blanchefleur :

— Mon fils, dit-il, tu emporteras cette coupe. Peut-être qu'en échange tu obtiendras celle dont elle fut le prix.

— Père, de qui parlez-vous ?

— Mais, de Blanchefleur, ta bien-aimée !

Li rois li done un palefroi
qui siens estoit, o le conroi,
qui d'une part estoit tos blans
de l'autre rouges comme sans. 1172

La soussele ert d'un paile cier,
tres bien ovree a eskekier ;
toute la sele et li arçon
fu de la coste d'un pisson. 1176

Sa colors est inde et vermelle
naturelment ; a grant mervelle
en est faite l'entailleüre,
li ors assis par molt grant cure. 1180

La covreture de la sele
ert d'un brun paile de Castele,
tote floree a flors d'orfrois ;
tel le voloit avoir li rois. 1184

Les estrivieres et les çaingles [b]
de soie, avoec les contreçaingles
lacies mervilleusement ;
toutes les boucles sont d'argent. 1188

Li estrier valent un castel,
d'or fin sont ovré a noiel.
Li lorains est molt biaus et ciers,
onques n'ot millor chevaliers. 1192

La caveçure est de fin or,
les pieres valent un tresor
qui a blanc esmail sont assises
de lius en lius par entremises. 1196

Li frains si est de l'or d'Espaigne ;
çou saciés mieus en vaut l'ovraigne
que l'ors ne les pieres ne font,
que toutes precïeuses sont. 1200

Les resnes de fin or estoient
de la u du frain departoient.
Trestout ensi aparillié
l'a li rois a Flore baillié. 1204

Le roi lui donne un de ses palefrois, avec tout son harnais ; il était tout blanc d'un côté, et de l'autre rouge sang.

La housse était faite d'une précieuse étoffe magnifiquement brodée de motifs en damier ; la selle et les arçons avaient été taillés d'un bloc dans la côte d'une baleine.

La couleur en était naturellement bleue et rouge ; la ciselure en avait été faite avec un art consommé, et l'or y avait été incrusté avec le plus grand soin.

La couverture de selle était faite d'un drap brun de Castille, décoré de motifs floraux en orfroi : le roi avait commandé expressément qu'il en fût ainsi.

Les étrivières et les sangles sont en soie, fixées aux contresangles par de magnifiques boucles d'argent.

Les étriers valent bien une ville ! Ils sont en or fin, et travaillés en nielle. Les courroies[1] sont splendides et précieuses : jamais chevalier n'en avait eu de plus belles.

La têtière est en or fin ; les pierres, fixées à intervalles réguliers, serties dans de blancs émaux, valent une fortune.

Le mors[2] est aussi en or d'Espagne ; et sachez que le travail en vaut plus encore que l'or et les pierres, qui toutes pourtant sont précieuses.

Les rênes fixées au mors étaient entièrement en or[3]. Voilà comment le roi l'avait équipé pour le remettre à Floire.

---

[1] V. 1191. Bien que les trois mss disent ici *li frains* (faute commune? Il sera question du *frain* au v. 1197), la correction qui convient le mieux, sous réserve d'une syllabe à récupérer, est le mot *lorain* 'ensemble des courroies du harnais', élément souvent présent dans les descriptions de harnachement. Elles sont parfois ornées de pierres et de plaques d'orfèvrerie.

[2] V. 1197. Le frein (= le mors) est ici à sa place entre la têtière et les rênes.

[3] V. 1201. *de fin or* : probablement, *faites de fils d'or tressés*.

58 LE CONTE DE FLOIRE ET BLANCHEFLEUR

Et la roïne son anel
a mis el doit au damoisel :
« Fius, fait ele, or le gardés bien ;
tant con l'arés, mar cremés rien,   1208
<fers ne vos porra entamer
ne fus ardoir, n'eve noier.
Fius, cest anel a grant poissance,
si en pöes avoir fiance>   1212
que vos ja rien ne requeriés
que tost u tart tot ne l'aiés. »
Il prent l'anel, si l'en mercie
et dist : « Encor l'avra m'amie ! »   1216
A tant a congié demandé.
Li rois en plorant l'a doné.
A sa mere ra pris congié
et ele l'a cent fois baisié.   1220
La les veïssiés molt plorer,
lor puins tordre, lor crins tirer,
et tel duel faire au departir
com sel veïssent dont morir.   1224
A tant s'en est Flores alés ;
de tos fu a Diu commandés.
Es le vos hors de la cité
o ses somiers bien arrouté.   1228
Il et li cambrelens consellent
et lor jornees apparellent.
Au port voelent primes aler
u Blanceflor entra en mer.   1232
Tant ont erré qu'il sont venu
ciés un borgois et descendu
qui maisons ot larges et grans
a herbregier les marceans.   1236
Quant li ceval establé sont,
fuerre et avaine a plenté ont ;
et cil a cui fu commandé
as estaus del bourc sont alé   1240
chars i acatent des plus cieres
qu'il ont trovees de manieres

La reine, quant à elle, a mis un anneau au doigt du jeune garçon.

— Mon fils, dit-elle, gardez-le bien. Aussi longtemps que vous le porterez, vous n'avez rien à craindre : vous ne pourrez être ni blessé par le fer, ni brûlé par le feu, ni noyé dans l'eau. Mon fils, cet anneau a un grand pouvoir, et vous pouvez vous y fier : vous ne saurez rien rechercher que vous ne le trouviez tôt ou tard grâce à lui.

Floire prend l'anneau, la remercie et ajoute :
— Un jour, c'est mon amie qui le portera !

Sur ces paroles, il a demandé la permission de se mettre en route. Le roi la lui a donnée en pleurant. Floire fait aussi ses adieux à sa mère, et elle l'a embrassé cent fois. Ah ! si vous les aviez vus alors verser des torrents de larmes, se tordre les poings, s'arracher les cheveux et mener un tel deuil qu'on aurait cru qu'ils assistaient à sa mort[1] ! Là-dessus, Floire s'est éloigné et tout le monde l'a recommandé à Dieu.

Le voilà hors de la ville avec son riche convoi de mulets. Il s'entretient avec le chambellan et tous deux dressent leur plan de route. Ils décident de gagner d'abord le port où Blanchefleur avait embarqué.

Ils y parviennent enfin et descendent chez un bourgeois qui possédait un immense fondouk pour héberger les marchands. Une fois leurs chevaux établés et abondamment pourvus d'avoine et de fourrage, on envoie des hommes aux boutiques du bourg. Ils y achètent toute sorte de viandes, parmi les plus coûteuses qu'ils aient pu trouver.

---

[1] V. 1224. A abrège. Texte de V : *Char il dutount ço qu'il en virent Mais ne verrunt, ne il nel firent. Atant lur ad dit en plurant, Si cume cil qui pité rad grant, Li damoiseaus Florie "vale". Et il l'ont a Deu cumandé.* Avec quelques variantes, B confirme l'authenticité du texte de V.

car li sire a bien commandé
qu'il en aient a grant plenté, 1244
et pain et vin en font porter.
Molt aprestent rice souper.
Marceant dïent que il sont, [c]
por lor marcié mer passeront. 1248
Flores dïent k'est lor signor,
siens est l'avoirs, n'est mie lor.
Quant il furent asseüré
et lor mangier ont apresté, 1252
napes font metre et vont laver,
puis si s'assïent au souper.
Li ostes est preus et vaillant,
dejoste soi assiet l'enfant. 1256
Il l'onore molt et tient chier
et semont sovent de mangier.
La table fu molt marceande,
grant plenté i ot de viande. 1260
Tres bien les servent li sergant,
vin lor moissent a espandant ;
en coupes, en hanas d'argent
moissent cler vin, herbé, piument. 1264
Li marceant travillié furent,
assés i mangierent et burent,
sovent dïent por le bon vin
que il ont l'ostel saint Martin. 1268
Cil se deduisent lïement ;
Flores a Blanceflor entent,
por le boin vin pas ne l'oublie,
sans li ne prise rien sa vie. 1272
Por li sovent s'entroublioit
et parfondement souspiroit,
et ne donoit garde a sa main
se il prendoit u car u pain. 1276
L'ostesse l'a bien regardé,
du keute a son signor bouté :

Leur maître leur a bien recommandé d'en prendre à profusion. Ils font aussi apporter du pain et du vin : c'est un bien somptueux souper qu'ils préparent là ! Ils se font passer pour des marchands et disent que c'est pour leur négoce qu'ils vont faire la traversée : "Leur maître, disent-ils, c'est Floire ; c'est à lui et non à eux qu'appartiennent ces trésors".

Une fois qu'ils furent bien installés et que le repas fut prêt, ils firent mettre les nappes et allèrent se laver les mains, puis ils s'assirent pour dîner.

L'hôte[1] est un homme de bien digne d'estime, et il fait asseoir le jeune homme à côté de lui ; il le traite avec beaucoup de considération et d'attention, le pressant à maintes reprises de manger. La table était somptueusement garnie, couverte d'une quantité de mets. Les valets s'appliquent à les servir et ils leur apportent du vin en abondance, versant dans les coupes et les hanaps d'argent vin fin, vin aux épices, nectar au miel. Nos marchands étaient épuisés ; ils mangèrent et burent abondamment, et le bon vin leur faisait dire à l'envi qu'ils logeaient à l'enseigne de saint Martin.

Tandis que les autres se gobergent, Floire ne pense qu'à Blanchefleur. Malgré le bon vin, il ne l'oublie pas. Sans elle, la vie n'a aucun intérêt pour lui. Souvent, absorbé par ces pensées, il laisse échapper de profonds soupirs. Il ne prend pas garde à ce que fait sa main, si elle saisit de la viande ou du pain. L'hôtesse, qui l'a bien observé, pousse son mari du coude :

---

[1] V. 1255. Pour éliminer une rime qui contrevient à l'accord en cas (*vaillant* pour *vaillans*), mais qui était courante dès le XIIe siècle en *normand*, le scribe picard de *A* a remanié le passage : *Li ostes c'on clamoit Richier S'asist avoec tot sans dangier*. Le scribe de *B* (ou un de ses prédécesseurs), pour la même raison, a tourné la phrase de manière à faire de *vaillant* un cas régime : *En l'oste ot preudome et vaillant*....

« Sire, fait ele, avés veü
com cius enfes s'a contenu ? 1280
Son mangier laist por le penser,
sovent le voi molt souspirer.
Par mon cief, n'est pas marceans,
gentius hom est, el va querans. » 1284
Dont a l'enfant a raison mis :
« Sire, fait el, molt es pensis.
A cest mangier t'ai esgardé :
poi as mangié, molt as pensé. 1288
Çou que as pris de cest mangier
seroit legier a eslegier.
Autretel vi jou l'autre jor
de damoisele Blanceflor 1292
(ensi se noma ele a moi) ;
el vos resanle, en moie foi,
bien pöés estre d'un eage,
si vos resanle du visage. 1296
Ensement au mangier pensoit
et un sien ami regretoit,
Flore, cui amie ele estoit ;
por lui tolir on le vendoit. 1300
[Ele fu çaiens quinze jors,
ses regrés fu adés en plors.
Flore son ami regretoit,
et nuit et jor por lui ploroit. 1304
Fors de cest dit tos jors ert mue.
Ele fu a cest port vendue.]
Cil qui l'acaterent disoient [d]
k'en Babiloine l'en menroient, 1308
a l'amiral tant la vendroient
qu'il au double i gaaigneroient. »
Quant Flores s'amie ot nommer
et de li certement parler, 1312
de la joie tos s'esbahi,
ainc n'en sot mot, si abati

— Seigneur, lui dit-elle, avez-vous vu comment se comporte ce jeune homme ? Il néglige de manger et reste plongé dans ses pensées. Je jurerais que ce n'est pas un marchand. Il est noble, et le but de son voyage, c'est autre chose que le négoce.

Elle s'adresse alors au jeune homme :

— Seigneur, tu es bien songeur ! Je t'ai observé au cours du repas : tu as peu mangé et tu as beaucoup rêvé ! Ce que tu as pris de ce repas ne coûterait pas bien cher ! J'ai observé l'autre jour un comportement semblable chez une certaine Blanchefleur (la demoiselle m'a dit que c'était son nom). Ma foi, elles ressemble. Vous devez avoir le même âge et vos visages se ressemblent. Comme toi, elle restait songeuse pendant tout le repas, et elle invoquait tristement un ami, Floire, dont elle était aimée. C'est pour la séparer de lui qu'on l'avait vendue. [Elle est restée ici quinze jours sans cesser de se lamenter et de verser des larmes. Elle invoquait son bon ami Floire et pour lui pleurait jour et nuit. Hormis ces paroles, elle ne prononçait jamais un mot. Elle avait été vendue au port de notre ville.][1] Ceux qui l'avaient achetée disaient qu'ils allaient l'emmener à Babylone : pour elle, ils comptaient recevoir de l'émir le double du prix qu'ils l'avaient payée.

Quand Floire entendit le nom de son amie et qu'il se rendit compte que c'était bien d'elle qu'on parlait, la joie le rendit muet. Il ne put articuler un mot. Il renversa

---

[1] V. 1301-6. Ces six vers de *A* sont absents de *V*. Seul le dernier couplet est commun à *AB*, à quelques variantes près. Le passage semble n'être qu'une amplification secondaire du contenu du vers 1304.

le vin qui devers lui estoit
a un coutel que il tenoit.
L'ostes s'escrie : « Il est fourfais !
Amendés nos sera cius plais.
— Çou est voirs ! » çou dïent trestuit,
car lié en sont, por le deduit.
Flores une coupe d'or fin
a fait emplir de molt bon vin,
tous liés a la dame le tent :
« Iceste, fait il, vos present
por çou que m'avés dit novele
de Blanceflor la damoisele.
Por li est çou que jou pensoie
a cest mangier et souspiroie,
et por içou que ne savoie
quel part jou querre le devoie.
Or le sivrai en Babiloine,
ne le lairai por nul essoine. »
Aprés dist : « Li vins respandus
bien est raisons qu'il soit rendus.
Tant en faites sor moi venir
com il vos venra a plaisir. »
A tant es quatre pautoniers
qui aportent quatre sestiers.
Boire li donent par amende,
puis li dïent la coupe rende
a l'oste quant avra beü.
Il en boit, puis li a rendu.
Et li autre par la maison
de vin boivent par contençon.
Li plus povres se tient a rice
et de grant hardement s'afice.
Cil se deduisent lïement.
A tant es vos torné le vent.
Li vespres ert bien avesprés
et li flos tos au port montés.

1316

1320

1324

1328

1332

1336

1340

1344

1348

le vin qui était placé devant lui avec un couteau qu'il avait à la main :

— C'est un crime[1] ! s'exclama l'hôte. Vous allez nous payer réparation.

— C'est juste, reprit par jeu toute l'assistance amusée.

Floire a fait remplir d'un très bon vin une coupe d'or fin, et tout joyeux la tend à la dame :

— Je vous offre cette coupe, pour m'avoir donné des nouvelles de cette demoiselle Blanchefleur. C'est à cause d'elle que j'étais songeur et que je soupirais pendant le repas. Et aussi parce que je ne savais pas dans quel pays je devais aller la chercher. Je vais donc la rejoindre à Babylone, rien ne saurait m'en empêcher.

Puis il ajouta :

— Il est juste que le vin renversé soit remplacé ! Faites-en venir sur mon compte autant que vous le souhaiterez.

Voici alors quatre gaillards[2] qui en apportent quatre setiers. En manière d'amende, on[3] verse à boire à Floire et on lui dit de passer la coupe à l'hôte après avoir bu. Il boit, puis il la lui donne. Et dans toute la maison c'est à qui boira le plus. Le plus pauvre se prend pour un richard et se vante d'exploits formidables.

Tandis qu'ils se gobergent ainsi, voilà que le vent a tourné. La soirée est bien avancée, et au port la marée est montée.

---

[1] V. 1317. La formule *il est fourfais* doit être de celles que l'on prononce dans les jeux collectifs où il s'agit d'imposer des gages aux perdants. Le fait de renverser du vin est traditionnellement un prétexte à des réflexions superstitieuses (bénéfiques).

[2] V. 1337. Leçon de *B. A* : *Adont sali uns pautoniers*, V : *A tant es quatre escuers* (–1 ; il faudrait ajouter *vos* après *es*).

[3] V. 1339. Il est probable que seuls les convives participent au jeu, et que le sujet de *boire li donent* n'est pas *quatre pautonier*.

Li airs est clers, nés et seris,
et li cieus trestous esclarcis ; 1352
ce dïent li maistre des nés
du vent aront tos plains lor trés.
Longement sejorné i ont
et de passer desirant sont. 1356
<Dont font crïer li notonnier
par la vile qu'aillent cargier
cil qui en Babiloine iront
et es terres qui dela sont. > 1360
Flores quant l'ot molt s'en fait liés ;
de l'aler s'est aparilliés.
Quant son conroi ot acuité,
a son oste a du sien doné, 1364
<puis prent a son oste congié,
a la nef vient, si a cargié. >
Son estrumant a molt proié,
et il li a bien otroié 1368
que a cel port l'arivera,
dont il plus tost venir porra
en Babiloine la cité,
car on li a dit et conté 1372
que d'icel jor en un seul mois [a]
i assanlera cascuns rois
qui de l'amiral terre tiennent :
trestout ensanle a sa cort vienent, 1376
a une feste qu'il tenra.
« S'adont, fait il, estoie la,
mes toursiaus puet estre vendroie,
si cuit que jou i gaigneroie. » 1380
Li vens fu boins, l'air orent cler,
a tant se sont empaint en mer ;
a retraiant, por avoir bort,
toutes les nés issent du port. 1384
Le tref ont tost desharneskié
et sus dusc'a torés sacié ;

L'air est léger, pur et serein, le ciel complètement dégagé. Les capitaines des navires disent que le vent gonflera bien leurs voiles : "Ils sont trop longtemps restés au port et ils ont hâte de reprendre la mer". Alors les marins envoient des crieurs à travers la ville pour inviter les voyageurs en partance pour Babylone et pour les régions qui sont au-delà à aller charger leurs ballots.

Lorsque Floire entendit l'appel, il s'en réjouit et se prépara pour le départ. Une fois qu'il eut acquitté sa dépense, il fit un cadeau à son hôte. Après quoi il prend congé de lui, se rend au navire et fait effectuer le chargement. Sur sa prière instante, le pilote lui a promis de le mener au port d'où il pourra le plus rapidement gagner la ville de Babylone : Floire, en effet, a entendu dire que dans un mois doivent s'y assembler tous les rois qui tiennent leur terre de l'émir ; ils viennent à sa cour tous ensemble pour prendre part à une fête qu'il va donner :

— Si je pouvais me trouver là-bas, dit Floire, je pourrais peut-être vendre mes marchandises, et je pense que j'y ferais de bonnes affaires.

Le vent était bon, le ciel limpide. Ils se sont alors élancés en mer. Tous les navires, pour sortir du port et aller se placer dans le vent, profitent du reflux[1]. Les hommes ont vite fait de déferler la voile et de la hisser jusqu'aux poulies du mât.

---

[1] V. 1383. *a retraiant* (gérondif) 'en reculant' ? ou 'avec le reflux' (si l'on s'appuie sur la leçon de *V* : *al retrait*) ?

li vens s'i prent quis fait errer,
A tant es Flore en haute mer.   1388
En la nef a mis tel conroi
com il convient a fil de roi.
uit jors tos plains par mer erra
que nule terre ne trova.   1392
Au nueme jor sont arivé
tot droit a Baudas la cité,
qui sist sor une roce bise,
desor le port en haut assise.   1396
D'illoec puet on quant il fait cler
cent liues loing veïr en mer.
Bien sot tenir li notonier
a la cité le droit sentier :   1400
çou est li pors dont le requist
Flores, quant en la mer se mist.
D'illoec porra en jours
d'iver, que on tient as plus cours,   1404
venir, se il n'a destourbiers,
en Babiloine o ses somiers.
Icil sa promesse demande,
et il li done boine et grande :   1408
vint mars d'or fin et vint d'argent
li fist doner joiousement,
car vis li est k'en Paradis
l'a mis quant il est el païs   1412
u s'amie cuide trover
que il siut par terre et par mer.
A tant sont mis hors li toursel ;
del descargier sont molt isnel,   1416
et sont venu a la cité
desous cui il sont arivé.
Ciés un borgois sont herbergié
qui rices hom ert u marcié   1420
et notoniers et marceans.
Une nef ot qui estoit grans,

Le vent s'y engouffre et les pousse.

Voici Floire en haute mer. Il a fait porter à bord de quoi mener un train de fils de roi. Pendant huit jours entiers on navigue sans apercevoir la moindre terre. Le neuvième jour, on arrive tout droit en vue de la citadelle de Bagdad[1] qui du haut d'un rocher domine le port. De là-haut, par temps clair, il est possible de voir jusqu'à cent lieues en mer.

Le pilote avait su tenir le bon cap : c'était bien le port auquel Floire l'avait prié de le mener quand il avait pris la mer. De là, en quatre journées d'hiver, qu'on considère comme les plus courtes, il pourra, si tout va bien, arriver à Babylone avec sa caravane. Le capitaine lui demande de régler son passage, et Floire s'en acquitte avec largesse ; dans sa joie, il lui fait remettre vingt marcs d'or fin et vingt d'argent, car il lui semble qu'il l'ait mené en Paradis puisque le voilà dans le pays où il compte retrouver celle qu'il aime et que par terre et par mer il tente de rejoindre !

Après quoi, les ballots sont déchargés ; l'opération se fait rapidement[2], puis Floire et son escorte sont montés à la ville haute sous laquelle ils avaient accosté. Ils se sont logés chez un bourgeois, un notable de la place, armateur et négociant. Il possédait un grand vaisseau

---

[1] V. 1394. Cultivant un flou géographique plein d'ambiguïtés mais fortement suggestif, l'auteur nomme *Baudas* (Bagdad) un port proche de Babylone qui ne peut être qu'Alexandrie. L'allusion indirecte au phare et plus encore les informations touchant les procédures douanières — qui sont exactement celles dont parlent les relations de voyageurs de l'époque— ne laissent aucun doute.

[2] V. 1416. Les mss *AB* disent ici que *l'on recharge aussitôt* (les mules). Ils sont ici en contradiction avec ce qui sera dit de l'épisode de la douane. Il va de soi que les douaniers doivent évaluer la valeur de la marchandise (pour fixer le montant de la taxe proportionnelle) avant de permettre que l'on recharge les mules.

par coi demenoit son marcié
et u erroit quant ert cargié. 1424
Dedens icele nef passerent
li marceant qui acaterent
Blanceflor, que Flores queroit,
por cui issi dolans estoit ; 1428
en sa maison cele nuit jurent
quant il hors de mer issu furent.
<Par lui, çou cuit, rorra novele
Flores illoec de la pucele. > 1432
Il font destorser lor torsiaus,
puis establerent lor cevaus ;
molt les fisent bien aaisier [*b*]
et de litiere et de mangier. 1436
En cel ostel molt bien troverent
trestout içou qu'il demanderent,
fain et avaine et de boins vins,
char salee, freske et poucins. 1440
Lor mangier fisent molt haster
car travillié sont de la mer.
Li pors estoit a l'amirail ;
maint home i a eü travail. 1444
U soit a droit u soit a tort,
tot lor estuet doner au port
la siste part de lor avoir
et puis jurer qu'il dïent voir, 1448
<et rendre toute a dam Marsile
cil qui maistres est de la vile. >
Quant cel avoir orent rendu
et lor mangiers aprestés fu, 1452
il vont laver, puis sont assis.
El plus bel liu ont Flore mis.
A mangier ont molt ricement,
si mangierent molt lïement. 1456
Mais Flores molt petit manga
por s'amie dont il pensa.

avec lequel il menait son commerce ; quand il avait du fret, il faisait lui-même le voyage. C'était sur ce navire qu'avaient fait la traversée les marchands qui avaient acheté Blanchefleur, objet de la quête de Floire et cause de sa souffrance ; ils avaient dormi sous le toit de ce bourgeois le soir de leur arrivée. Je présume que maintenant c'est par lui que Floire va apprendre des nouvelles de la jeune fille.

Les voyageurs font détacher[1] leurs ballots, puis ils envoient leurs bêtes à l'écurie et leur font donner en abondance litière et fourrage. Dans ce gîte ils trouvèrent sans mal tout ce qu'ils réclamèrent : du foin et de l'avoine, mais aussi de bons vins, de la viande salée et de la viande fraîche, et des volailles. Ils firent hâter leur dîner car la traversée les avait éprouvés.

Le port appartenait à l'émir. Nombreux sont ceux qui y ont passé de pénibles moments ! Qu'on le veuille ou non, il faut abandonner à la douane un sixième des valeurs transportées, déclarer ensuite sous serment qu'on ne dissimule rien, et acquitter une taxe pour dam Marsile, le gouverneur de la ville.

Après qu'ils en eurent fini avec le règlement des taxes, lorsque le repas fut prêt, ils se lavèrent les mains et allèrent prendre place. On a fait asseoir Floire à la place d'honneur. Le repas est plantureux et tout le monde mange de bon appétit, sauf Floire, qui mange peu car il pense à son amie.

---

[1] V. 1433. *destorser les torsiaus* : les muletiers détachent les ballots fixés au bât des mules. Il ne s'agit pas de l'ouverture des ballots.

Li ostes l'a aperceü
qu'il n'est pas liés, quant l'a veü : 1460
« Sire, fait il, çou m'est avis,
por vostre avoir estes pensis,
por la coustume qui est grant.
— Jou pens tot el », çou dist l'enfant. 1464
Li ostes dist : « Tot autretel
vi jou l'autrier en cest ostel.
Ci vint l'autrier une compaigne
de marceans, jou cuit, d'Espaigne, 1468
et amenerent a cest port,
ce m'est avis, se voir recort,
une pucele o eus avoit
qui ensement se contenoit ; 1472
<jou l'oï nomer Blancefor ;
en ma nef mena grant dolor. >
Ensi au mangier sospiroit
et un sien ami regretoit. » 1476
Flores est liés de la novele :
« U menerent il la pucele ? »
Cil respont : « Quant de ci tornerent,
en Babiloine s'en alerent. » 1480
Flores li done un boin mantel
et un hanap d'argent molt bel :
« Sire, fait il, çou voel k'aiés
et Blanceflor gré en saciés, 1484
car çou saciés, li vois jo querre.
Emblee me fu en ma terre. »
L'ostes li dist, si l'en mercie :
« Jesus vos renge vostre amie ! » 1488
Quant de mangier sont souffissant,
les napes ostent li serjant.
Dont font lor lis aparillier,
puis si se sont alé coucier. 1492
Quant Flores dort, et ses cuers velle,
o Blanceflor jue et conseille,

En voyant cela, l'hôte comprend que Floire a des soucis.

— Seigneur, dit-il, je crois bien que ce qui vous tourmente, ce sont les droits de douane, qui sont bien lourds !

— Je pense à tout autre chose, répond le jeune homme.

— J'ai vu, reprit l'hôte, exactement le même comportement l'autre jour ici même. Il est arrivé ici, il y a quelque temps, une troupe de marchands... e crois qu'ils venaient d'Espagne. Ils avaient amené à notre port, si j'ai bonne mémoire, une jeune fille...oui, il y avait avec eux une jeune fille, qui se comportait pareillement ; j'ai entendu qu'on l'appelait Blanchefleur ; dans mon navire elle n'avait pas cessé de pleurer. Comme vous, pendant le repas, elle poussait des soupirs et se lamentait pour un ami dont elle avait été séparée.

Ce que Floire apprend là le réjouit :

— Où ont-ils emmené la jeune fille ?

— En partant, ils ont pris la direction de Babylone.

Floire lui offre un manteau de qualité et un très beau hanap en argent.

— Seigneur, lui dit-il, je vous prie d'accepter ceci, et d'en savoir gré à Blanchefleur. Car, apprenez-le, je suis à sa recherche. Elle m'a été ravie dans mon pays.

L'hôte le remercie et lui dit :

— Que Dieu vous rende votre bien-aimée !

Quand ils furent rassasiés, les serviteurs ôtèrent les nappes. On leur fit alors préparer des lits et ils allèrent se coucher. Tout en dormant, Floire a le cœur en éveil, il badine et converse avec Blanchefleur.

mais s'il dormi, ce fu petit.
Au matinet, quant le jor vit, 1496
ses compaignons a esvillié
et il se sont aparillié.
Ens el droit cemin sont entré [c]
vers Babiloine la cité. 1500
Cele nuit a un ostel jurent
u il molt bien herbergié furent,
et l'endemain, bien par matin,
se remetent en lor cemin. 1504
La nuit se resont herbergié
en une vile u ot marcié.
La oïrent de li parler :
par illoec le virent passer. 1508
Au tierç jor, devant l'avesprer,
parvinrent a un braç de mer ;
Lenfer le noment el païs.
De l'autre part fu Monfelis, 1512
castiaus rices u cil manoient
qui la gent outre conduisoient.
Il n'i avoit planke ne pont,
car trop erent li gué parfont, 1516
mais au rivage un cor avoit
qui a un pel pendus estoit ;
li venant a celui cornoient
qui le notonier apeloient. 1520
Quant cil cornent et il les ot,
si vient au plus tost que il pot.
Li maistres sist en un batel,
o soi cuelli le damoisel, 1524
li serjant o les escuiers
en la nef traient les somiers.
A tant commencent a nagier
et marceant et notonier. 1528
Li maistres esgarde l'enfant ;
gentius hom sanle a son sanlant.

S'il dormit, ce fut bien peu ! Le lendemain matin, dès qu'il vit la lueur du jour, il réveilla ses compagnons, qui se préparèrent. Ils prirent la route directe qui mène à Babylone. Cette nuit-là ils couchèrent dans un gîte où ils furent très bien traités, et ils reprirent la route le lendemain de très bonne heure. Le soir, ils se logèrent dans une ville où il y avait un marché. Ils y entendirent parler de Blanchefleur : on l'avait vue passer par là.

Le troisième jour, ils parvinrent avant le soir à un bras de mer. Dans le pays, on l'appelle Lenfer[1]. De l'autre côté se trouve Montfélix, une riche bourgade où habitaient ceux qui faisaient passer les voyageurs.

Il n'y avait pas de pont, ni de planche[2] non plus, car les gués étaient trop profonds. Mais sur la rive il y avait une corne suspendue à un pieu. Les voyageurs devaient en sonner pour appeler le marinier : quand le passeur les entend sonner de la corne, il arrive sans tarder.

Le patron des passeurs avait pris place dans une barque. Il fit venir le jeune homme avec lui tandis que ses hommes, avec les écuyers de Floire, tirent les bêtes sur le bac. Puis marchands et bateliers commencent à traverser. Le patron observe l'enfant. A son aspect, il voit bien qu'il est noble.

---

[1] V. 1511. *Lenfer* ou *l'Enfer* ? Charles François, *art. cit.*, pense que ce nom peut provenir d'une déformation de *El Fern*, nom indigène de l'Oronte syrien. Huguette Legros, *o. c.*, p. 58, voit dans ce nom la trace d'une croyance propre à l'Islam : la traversée d'un pont au dessus de *l'Enfer* permet aux élus d'accéder au Paradis (*cf. Montfelis*), et elle conclut : « un certain syncrétisme, conscient ou non, est souvent mis au service de l'esthétique profane ».

[2] V. 1515. La mention des gués ne peut être en relation qu'avec le fait qu'il n'y avait pas de planches (il doit s'agir de planches arrimées dans le courant pour faciliter le passage des voyageurs quand les gués sont peu profonds).

Il li demande : « U errés vous ?
— Marceans sui, ce veés vous. 1532
En Babiloine voel aler
et por vendre et por acater.
S'en cest castel ostel avés,
anuit mais nous i ostelés. 1536
— Par foi, sire, fait il, si ai.
Volentiers vos herbergerai.
Mais, biaus amis, por cel disoie
que morne et pensiu vos veoie. 1540
Tot ensement viç jou owan,
n'a mie encore demi an,
çaiens une pucele entrer
et trestout ensement penser. 1544
Ne sai se li apartenés,
par ma foi, vos le resanlés. »
Quant il l'oï, son chief dreça :
« Sire, fait il, et u ala ? 1544
— En Babiloine fu menee
et l'amiraus l'a acatee. »
Trestot ensi li a conté,
tant que il furent arivé. 1552
O lui l'a le nuit herbergié,
tant c'au matin a pris congié.
A son oste cent sols dona
et en aprés molt li pria, 1556
s'a Babiloine ami eüst
qui de riens aidier li peüst,
que par enseigne li mandast [d]
qu'il au besoing le consillast. 1560
« Sire, fait il, ains que viegnois
en Babiloine, troverois
un flun molt lé et molt parfont.
Quant en arés passé le pont, 1564
dont troverés le pontenier.
Mes compains est, de mon mestier.

Il lui demande :

— Quel est le but de votre voyage ?

— Comme vous le voyez, je suis un négociant. J'ai l'intention de me rendre à Babylone pour vendre et acheter. Si vous avez dans ce bourg de quoi nous loger, hébergez-nous pour la nuit.

— Ma foi, seigneur, j'ai de quoi. Je veux bien vous héberger. Mais si je vous interrogeais, seigneur, c'est parce que je vous voyais triste et préoccupé. J'ai vu pareillement, il n'y a pas longtemps, cela fait moins de six mois, une jeune fille entrer dans cette barque, l'air préoccupé tout comme vous. Je ne sais si vous êtes de ses proches, mais, ma foi, vous lui ressemblez.

A ces mots, Floire relève la tête :

— Seigneur, demande-t-il, où est-elle allée ?

— On l'a amenée à Babylone et l'émir l'a achetée.

Tandis qu'ils devisaient ainsi, ils atteignirent l'autre rive. Le soir le passeur hébergea Floire, qui le lendemain alla prendre congé de lui. Après avoir donné cent sous à son hôte, il le pria, s'il avait à Babylone quelque ami qui pût lui venir en aide, de lui demander au moyen d'un signe de reconnaissance de s'occuper de lui en cas de besoin.

— Seigneur, répondit l'hôte, avant d'arriver à Babylone vous rencontrerez un fleuve très large et très profond. Quand vous aurez passé le pont, vous trouverez le pontonnier. Nous appartenons à la même corporation.

En Babiloine est rices hom,
grant tour i a et fort maison. 1568
De nos deus pors somes compaing,
par mi partomes le gaaing.
Icest anel li porterés
et de moie part li dirés 1572
qu'il vos conseut mius qu'il porra.
Jou cuit qu'il vos herbergera. »
A tant se sont de lui parti.
Au pont viennent a mïedi. 1576
Desous un arbre l'ont trové
qu'il ot au cief du pont planté.
La le troevent u siet sous l'arbre,
sor un perron qui fu de marbre. 1580
Son cors ot ricement vestu,
preudome pert quant l'ont veü.
Ja a cel pont hom ne passast,
quatre deniers ne li donast, 1584
et puis quatre cil a ceval.
Flores salue le vassal ;
de tous ses dieus l'a salüé
et puis li a l'anel doné, 1588
ensegne de son compaignon
qu'il le herbert en sa maison
et a son besoing le conseut,
si com il s'amour avoir veut. 1592
Cil a bien l'anel conneü,
receü l'a, molt liés en fu.
Le sien anel li a baillié,
a sa feme l'a envoié 1596
que le herbert por soie amor.
Puis li a mostree sa tour.
Es les vos el castel venus.
Por l'anel fu bien receüs, 1600
herbergiés fu molt lïement,
estables i ot a talent.

A Babylone, c'est un notable. Il possède une grande tour et une maison fortifiée. Nous gérons en associés nos deux passages et nous partageons nos gains en deux. Vous lui apporterez cette bague et vous lui direz de ma part de s'occuper de vous du mieux qu'il pourra. Je pense qu'il vous hébergera.

Ils le quittèrent sur ces paroles. Arrivés au pont à midi, ils trouvèrent l'homme sous un arbre qu'il avait planté à l'extrémité du pont. Il était assis sous son arbre, sur un banc[1] de marbre. Il était vêtu richement et avait l'air d'un homme de bien. Nul ne saurait passer par ce pont sans lui donner quatre deniers, et quatre de plus s'il est à cheval.

Floire salue l'homme. Après l'avoir salué par tous ses dieux, il lui a donné la bague que son compagnon lui avait remise comme signe de reconnaissance, pour qu'il l'héberge sous son toit et au besoin lui vienne en aide, "s'il veut que Floire lui accorde son amitié". L'homme a effectivement reconnu la bague, il l'a prise et s'en est réjoui. Il donne à Floire sa propre bague et l'envoie chez sa femme afin qu'elle l'héberge pour l'amour de lui. Puis il lui a montré où se trouve sa tour.

Les voilà arrivés à l'intérieur de la ville[2]. Grâce à la bague, Floire fut bien reçu et l'on se fit une joie de l'héberger. Pour ce qui est des écuries, il y en eut à sa convenance.

---

[1] V. 1580. *perron* : gros bloc de pierre équarri dont on se sert en particulier pour monter à cheval ou pour en descendre.
[2] V. 1599. La mention du *castel* implique qu'ils ont franchi la porte d'un rempart.

Or est Flores en la cité
u estre avoit tant desiré, 1604
herbergiés ciés le pontenier.
De consel a molt grant mestier,
car ja soit çou que venus soit
a la cité qu'il desiroit, 1608
il ne set ne consel nen a
comment il faire le porra.

    Savoir se met en son corage,
qui li ramembre son parage 1612
et com il oirre folement.
Fait il : « Tu ne connois la gent,
Flores, ton consel u diras,
comment oirres et que quis as ? 1616
Se t'en descuevres, fol seras,
u soit a certes u a gas !

    Par aucun l'amiraus l'orroit [251a]
qui ta folie conistroit. 1620
Se il l'ooit, toi feroit prendre
et en aprés noier u pendre.
Fai que sages, arriere va !
Tes peres feme te donra 1624
del mieus de trestout son barnage,
pucele de grant parentage. »

    Amors respont : « J'oi grant folie !
Raler ? Et ci lairas t'amie ? 1628
Dont ne venis tu por li querre ?
Sans li veus aler en ta terre !
Dont ne te membre de l'autrier,
que del graffe de ton graffier 1632
por li ocirre te vausis,
et or penses de ton païs !

    Et se tu sans li i estoies,
voelles u non, ça revenroies. 1636
Porroies tu dont sans li vivre ?
Se tel cuides, dont es tu yvre.

Floire est maintenant dans la ville où il avait tant désiré se trouver, logé chez le pontonnier. Il a grand besoin d'aide, car il a beau être arrivé à destination, il ne voit absolument pas comment il va devoir s'y prendre.

Sagesse s'empare de son esprit pour lui rappeler son parage et la folie de ce voyage : Elle lui dit :"Floire, tu ne connais personne ici ; à qui vas-tu confier ton secret, la vérité sur ton voyage et sur le but de ta quête ? Si tu dévoiles cela, que tu parles sérieusement ou que tu plaisantes, tu feras une folie !

L'émir aura vent de ton projet insensé par quelqu'un qui l'aura appris. Une fois informé, il te fera arrêter, et ensuite noyer ou pendre. Sois raisonnable, retourne-t'en ! Ton père te donnera pour épouse une jeune fille de haut rang, parmi les plus belles de son baronnage."

Amour réplique : "Quelle sottise j'entends là ! T'en retourner ? Et tu laisserais ici ta bien aimée ? N'es-tu pas venu pour la chercher ? Tu veux rentrer dans ton pays sans elle ? Ne te souviens-tu pas que l'autre jour tu as voulu te tuer pour elle avec ton stylet ? Et voilà que tu te soucies de ton pays !

D'ailleurs si tu t'y trouvais sans elle, tu ne pourrais t'empêcher de revenir ici. Pourrais-tu donc vivre sans elle ? Si tu te figures cela, tu es stupide !

Tos l'ors del mont ne tos l'avoir
ne te feroit sans li manoir.   1640
Remain ci, que sages feras,
puet estre encor le raveras.

   N'est mie legiere a garder
la beste qui se veut embler :   1644
s'ele t'i set, engien querra,
s'ele puet, qu'a toi parlera.
Maint engien a Amors trové
et avoié maint esgaré.   1648
Li vilains dist que Dieus labeure,
quant il li plaist, en molt peu d'eure. »

Itel bataille en lui avoit ;
Amors forment le destraignoit.   1652
A tant es vos l'oste venu.
Quant a veü Floire si mu,
francement l'a mis a raison :
« Damoisiaus sire, gentius hom,   1656
estes vos de rien coureciés ?
En'estes vos bien herbegiés ?
Se rien veés qui vos desplaise,
amendé iert, se j'en ai aise.   1660
— Sire, fait il, vos dites bien,
vostre merci. Mais nule rien
d'endroit l'ostel ne me desplaist,
mais a mon Diu pri qu'il me laist,   1664
biaus dous sire, guerredoner
vostre ostage, vo bel parler.
Sire, dist il, jou sui pensis
de mon marcié que j'ai enquis.   1668
Molt par m'en criem que jou nel truisse
et, se le truis, k'avoir nel puisse. »
Li ostes fu molt gentius hom :
« Sire, fait il, nos mangeron ;   1672
aprés, se jou puis et jou sai,
volentiers vos consillerai. »

Tout l'or, toutes les richesses du monde ne te convaincraient pas de te passer d'elle ! Reste ici, tu agiras sagement. Peut-être la retrouveras-tu un jour.

Elle n'est pas facile à garder, la bête qui veut s'échapper : te sachant ici, elle cherchera un moyen pour te parler, si c'est possible. Amour a inventé plus d'un tour et a su mettre sur la bonne route plus d'un égaré ! La sagesse populaire dit que, quand il le veut, Dieu agit vite !"

Voilà donc quel débat se livrait en lui. Amour le tourmentait sans ménagement !

Sur ces entrefaites, l'hôte est rentré chez lui. Voyant comme Floire demeure silencieux, il l'a interrogé avec beaucoup de gentillesse :

— Mon jeune seigneur, noble prince, avez-vous quelque raison d'être fâché ? N'êtes-vous pas bien traité ? Si vous voyez quoi que ce soit qui vous déplaise, il y sera remédié si j'en ai le moyen.

— Seigneur, dit Floire, votre amabilité me touche. Quant à votre hospitalité, il n'y a rien à y redire : je prie plutôt mon Dieu[1] de me fournir l'occasion de vous rendre, aimable seigneur, le prix de votre hospitalité et de vos bonnes paroles. Seigneur, c'est pour les affaires qui m'ont conduit ici que je suis inquiet. Je crains fort de ne pas trouver ce que je recherche, et si je le trouve, de ne pas pouvoir l'obtenir.

L'hôte était un homme plein de délicatesse :

— Seigneur, lui dit-il, nous allons dîner ; ensuite, si je le puis, je vous conseillerai volontiers.

---

[1] V. 1664. Voy. n. au v. 1085.

Lors le laissent, si vont mangier.
L'ostes apele sa moullier :   1676
« Dame, honerés cest damoisel.
Veïstes vos onques tant bel ? »
L'ostes Daires et Licoris   [b]
entr'aus deus ont lués Flore assis.   1680
Molt se font servir ricement
en boins vaissiaus d'or et d'argent
cler vin et piument et claré
et boin bogeraste et anné.   1684
De boin mangier ont a fuison
et vollilles et venison.
Lardés de cerf et de sengler
ont a mangier sans refuser,   1688
grues et gantes et hairons,
pertris, bistardes et plongons ;
tout en orent a remanant.
Quant del mangier sont soffissant,   1692
adont fait aporter le fruit
li ostes Daires par deduit,
puns de grenat, figes et poires
— et avoec fu molt boins li boires !—,   1696
peskes, castaignes a plenté,
car molt en ont en cel regné.
Douç fruit mangüent, douç vin boivent,
tot lié se font, si se renvoisent.   1700
Flores a le coupe esgardee
qui por Blanceflor fu donee,
qui devant lui fu tote plaine
de plus cler vin que n'est fontaine :   1704
Helaine i ert, comment Paris
le tint par le main, ses amis.
El regarder qu'il fist l'ymage,
Amors ralume son corage,   1708
se li dist : « Or aies envie :
ci en maine Paris s'amie.

Ils en restent là et vont manger.

— Madame, dit l'hôte en s'adressant à sa femme, ayez pour ce jeune seigneur tous les égards. En avez-vous jamais vu d'aussi beau ?

Les hôtes, Daire et Licoris, ont fait asseoir Floire entre eux. Ils se font servir somptueusement, dans de belles coupes d'or et d'argent, du vin pur, des boissons aux aromates et aux épices et toute sorte de décoctions et de liqueurs[1].

On leur apporte à profusion de bons plats de volailles et de gibier, et ils peuvent se régaler à loisir des meilleurs morceaux de cerf et de sanglier, de grues, d'oies sauvages, de hérons, de perdrix, d'outardes et de plongeons. Il y en a eu plus qu'assez pour tout le monde !

Une fois qu'ils furent rassasiés, Daire fit alors apporter en musique[2] les fruits, grenades, figues et poires —comme la boisson allait bien avec !—, pêches, quantité de châtaignes, car ils en ont en abondance dans ce pays. Ils mangent de ces fruits succulents, ils boivent de ces délicieux breuvages et se laissent gagner par l'euphorie et par la joie.

Floire a regardé la coupe qui avait été donnée en échange de Blanchefleur, et qui se trouvait devant lui, remplie d'un vin plus clair que de l'eau de source. On y voyait Hélène, que Pâris, son amant, tenait par la main. Tandis qu'il contemplait cette scène, Amour ralluma la flamme dans son cœur : "Prends exemple sur Pâris que tu vois ici emmener sa bien-aimée !

---

[1] V. 1684. Certaines de ces boissons sont mal connues.
[2] V. 1694. *par deduit* 'en musique' (traduction conjecturale) : *deduit* est attesté au sens d' 'instrument de musique'.

(Ha ! Dieus ! verrai jou ja le jor
k'ensi en maigne Blancheflor ?) 1712
Diva, Floires ! aprés mangier
te doit tes ostes consillier. »
Li lons mangiers l'a bien grevé !
La dame l'a bien esgardé 1716
k'en son corage a grant estrif.
Tristre le voit, morne et pensif ;
aval la face clere et tendre
voit les larmes del cuer descendre. 1720
Pitié en a, si l'a moustré
a son signor et l'a bouté.
Les napes fait oster des dois.
Tout se lievent ne mais k'aus trois. 1724
Puis li a dit : « Damoisiaus sire,
se vos avés ne duel ne ire
por coi pensés, dites le moi.
Je vos consillerai par foi. 1728
Vostre estre ne me celés pas :
molt me sanle que çou soit gas
que vos dras vendés a detail ;
d'autre marcié avés travail. 1732
— Sire, fait Licoris, par foi,
çou m'est avis, quant jou le voi,
que çou soit Blanceflor la bele.
Jou cuit qu'ele est sa suer jumele : 1736
tel vis, tel cors et tel sanlant
com ele avoit a cest enfant.
Jou cuit qu'il sont proçain parant, [c]
car a merveille sont sanlant. 1740
Ele fu çaiens quinze jours ;
ses confors fu regrés et plors.
Floire, un sien ami, regretoit,
et nuit et jor por lui ploroit, 1744
quant ele de çaiens torna
et li amirals l'acata.

—Ah ! Dieu ! Pourrai-je voir le jour où j'emmènerai pareillement Blanchefleur ? — Allons, Floire ! Après le repas, ton hôte doit t'aider de ses conseils. "

La longueur du repas lui pèse énormément.

La dame a remarqué la grande agitation qui est en lui. Elle le voit triste, abattu et soucieux ; elle voit, le long de son beau visage délicat, couler les larmes quille viennent du cœur. Touchée, elle l'a fait remarquer à son époux en le poussant du coude. Il fait ôter les nappes des tables. Tout le monde se lève, hormis eux trois. Puis il s'adresse à Floire :

— Mon jeune prince, si vous avez quelque sujet d'inquiétude ou de contrariété, dites-le-moi. Je ferai de mon mieux pour vous aider de mes conseils. Ne me dissimulez pas qui vous êtes : je vois bien que vous n'êtes pas sincère quand vous dites que vous vendez vos étoffes au détail. C'est une autre sorte de négoce qui vous tourmente !

— Seigneur, dit Licoris, franchement, quand je le regarde, j'ai l'impression de voir la belle Blanchefleur. Je pense que c'est sa sœur jumelle : les traits du visage, le port, l'apparence de ce jeune homme sont les mêmes que les siens. Je jurerais que ce sont de proches parents, car ils se ressemblent étonnamment. Durant les quinze jours qu'elle est restée ici, elle ne trouvait de réconfort que dans les larmes et les plaintes. Elle se lamentait au sujet d'un certain Floire, son bien-aimé, et elle n'a pas cessé de pleurer pour lui jour et nuit, jusqu'au moment où elle est partie d'ici, lorsque l'émir l'a achetée.

LE CONTE DE FLOIRE ET BLANCHEFLEUR

Cius est ses frere u ses ami. »
Quant Flores l'ot, si s'esbahi, 1748
isnelement li respondi
et dist : « Non frere, mais ami ! »
De çou k'ot dit se repenti :
« Mais freres, dame, jou mesdi ! 1752
Dame, merci, oubliés iere ;
ele est ma suer et jou ses frere.
— Amis, dist Daires, ne cremés,
par mi le voir vos en alés. 1756
Se vos la dansele querés,
saciés por voir con fous errés !
— Sire, fait il, por Diu, merci,
fius de roi sui, je vos afi, 1760
et Blanceflor si est m'amie.
Emblee me fu par envie.
Sivie l'ai par ces regnés.
Entrepris sui et esgarés. 1764
Rices hom sui d'or et d'argent,
si vos en donrai largement
se de cest plait me consilliés.
Biau sire ciers, tos sui jugiés, 1768
çou est la fins : u jou l'arai,
u por s'amor de duel morrai. »
Daires li dist : « Çou est damage
se vos morés por tel folage. 1772
De çou ne m'os jou pas vanter
que j'en sace conseil doner.
Le mieus que jou en sace oiés :
se vos içou faire voliés 1776
(mais bien sai vos nel feriés mie),
puet estre k'en perdriés la vie,
car se l'amirals l'ooit dire,
livrer vos feroit a martire. 1780
Il n'i a roi en cest païs,
se autretel plait avoit quis

Ce garçon doit être son frère ou son bon ami[1].

Ces paroles troublèrent Floire, qui intervint avec précipitation :

— Pas son frère, non ! son bon ami !

Puis il se rétracta :

— Non, plutôt son frère, madame, je me suis trompé ! Excusez-moi, madame, j'étais distrait. Elle est ma sœur, je suis son frère.

— Mon ami, dit Daire, ne craignez rien, dites la vérité. Si vous recherchez la demoiselle, sachez-le bien, c'est de la folie !

— Seigneur, répond Floire, au nom du Ciel, pardonnez-moi. Je suis fils de roi, je vous l'avoue[2], et Blanchefleur est ma bonne amie. Elle m'a été cruellement arrachée. Je l'ai suivie jusque dans ces contrées. Je suis désemparé et démoralisé. J'ai beaucoup d'or et d'argent et je vous en donnerai sans compter si vous pouvez m'aider de vos conseils dans cette affaire. Mon cher seigneur, c'est décidé, il n'y a pas d'autre issue pour moi : ou je l'aurai, ou je mourrai de douleur par amour pour elle.

— Quel dommage, lui dit Daire, si vous mourez pour une telle folie ! Je n'ose prétendre être en mesure de vous aider de mes conseils dans cette affaire. Écoutez l'avis le plus sage que je puisse vous donner : si vous voulez tenter l'aventure (mais je sais bien que vous n'en ferez rien), vous risquerez d'y perdre la vie. Car si la nouvelle parvenait aux oreilles de l'émir, il vous enverrait au supplice.

»Il n'y a pas un roi dans ce pays qui, s'il se lance dans une telle entreprise,

---

[1] V. 1747. *ami* (sans *s*) est appuyé par le v. 1750. Le texte de *B* est lacunaire, tandis que celui de *A* est en gros appuyé par la *Saga*.

[2] V. 1760. Littéralement : *je vous l'affirme, je vous le certifie* ; cette traduction ne pourrait convenir que si la formule venait en confirmation d'une déclaration antérieure allant dans le même sens.

qui par force ne por avoir
ja l'akievast, si com j'espoir, 1784
ne engien ne encantement
a li ravoir ne vaut nïent.
Se trestoutes les gens del mont
qui onques furent et or sont 1788
par force tolir le voloient
a l'amirail, tot i fauroient.
Li amiraus a sa justise
sor cent et cinquante rois mise. 1792
Se il les mande en Babiloine,
tot i venront sans nul essoine.
Babiloine, si com jou pens,
dure vint liues de tos sens. 1796
Li murs qui le clot n'est pas bas ;
tot entor est fais a compas
et est fais trestous d'un mortier [d]
qui ne doute pikois d'acier, 1800
si a quinze toises de haut ;
de nule part ne crient assaut.
Et tot entor a set vins portes :
tors a desus larges et fortes. 1804
A totes est la foire plaine
en tous les jors de la semaine.
En Babiloine ça dedens
a tors faites plus de set cens 1808
u mainent li baron casé,
qui enforcent molt la cité.
La plus foible ne la menor
ne doute roi ne aumaçor ; 1812
neïs l'empereres de Rome
n'i feroit vaillant une pome.
Par force nus hom ne par guerre
ne porroit Blanceflor conquerre ; 1816
encontre engien rest si gardee
par larron ne puet estre emblee.

puisse la mener à bonne fin, à mon avis, ni en usant de la force, ni en soudoyant avec de l'argent, et ni ruse ni magie ne peuvent non plus vous permettre de reprendre Blanchefleur. Si tous les peuples[1] du monde d'hier et d'aujourd'hui se liguaient pour l'enlever à l'émir parla force, ils échoueraient. L'émir a étendu son pouvoir sur cent cinquante rois. S'il les convoque à Babylone, ils y viendront tous sans discuter[2].

»Babylone mesure, je crois, vingt lieues dans chaque sens [3]. Le rempart qui l'entoure est très haut. Il Forme une enceinte parfaite de proportions et il est entièrement fait d'un mortier qui résiste aux pics d'acier ; il a quinze toises de hauteur et ne craint les assauts de nulle part. Cent quarante[4] portes surmontées de puissantes tours fortifient l'enceinte.

»A chacune de ces portes, la foire bat son plein tous les jours de la semaine. A l'intérieur de Babylone où nous sommes, il y a plus de sept cents tours où résident les vassaux de l'émir ; c'est pour la défense de cette cité un appoint considérable. La plus faible, la plus petite, ne craint ni roi ni grand capitaine. L'empereur de Rome lui-même ne lui causerait pas le moindre dommage.

»Par la force, par la guerre, personne ne pourrait reprendre Blanchefleur. Mais elle est aussi bien protégée contre tout stratagème, de sorte qu'aucun voleur ne saurait l'enlever.

---

[1] V. 1787. *gent* peut aussi désigner une "armée" : *Si toutes les armées du monde...*

[2] V. 1794. littéralement : *sans alléguer d'empêchement*.

[3] V. 1796. c'est-à-dire soit *de côté* (hypothèse d'une enceinte carrée) soit *de diamètre* (enceinte circulaire).

[4] V. 1803. Ce nombre, que l'on retrouve lors de la description du harem de l'émir, équivaut à un grand nombre indéterminé.

En miliu de ceste cité
a une tor d'antiquité, 1820
cent toises haute et cent lee,
roonde comme keminee ;
tote est de vert quarrel de marbre
coverte a vause tot sans arbre, 1824
hourdee amont comme clokier ;
li torpins est desus d'or mier.
Longe est soissante piés l'aguille,
del millor or qui soit en Puille, 1828
et el torpin qui est desus
a bien cent mars d'or fin u plus.
Deseur siet par encantement
uns escarboucles qui resplent ; 1832
assis i est par grant consel,
par nuit reluist comme solel.
Tot environ par la cité
par nuit obscure a tel clarté 1836
que il n'estuet a nul garçon
porter lanterne ne brandon.
Soit chevaliers ne marceant,
ne autres qui rien voist querant, 1840
se par nuit vient en la cité,
de nule part n'ert esgaré ;
u soit sor terre u soit sor mer,
de nule part n'estuet douter ; 1844
quant de vint liues le verra,
a une prés li samblera.
En cele tor a trois estages.
Cil qui les fist molt par fu sages. 1848
Li pavement de marbre sont,
ne nul soustenement nen ont
les deus desus fors d'un piler
que par celui estuet passer ; 1852
li pilers sort du fondement,
dusqu'a l'aguille en haut s'estent.

»Au centre de cette cité il y a une vénérable tour, haute de deux cents toises et large de cent, ronde comme une cheminée. Elle est entièrement recouverte de blocs de marbre vert qui forment, sans la moindre charpente, une coupole, et elle est à son sommet couronnée d'un hourd, tel un clocher. La sphère qui la surmonte est en or pur. a flèche a soixante pieds de hauteur ; elle est faite du meilleur or d'Apulie, et dans la boule du sommet il y a bien cent marcs d'or fin au moins. Au dessus il y aune escarboucle étincelante qui tient par magie ; elle y est fixée très ingénieusement et la nuit elle brille comme un soleil : les alentours de la ville, par nuit noire, baignent dans une si grande clarté qu'on n'a pas besoin qu'un serviteur porte torche ou lanterne. Chevalier, marchand ni voyageur, arrivant de nuit à la ville, de quelque direction qu'il vienne, ne risque pas de s'égarer. Qu'il vienne par terre ou par mer, il n'a absolument rien à craindre : alors qu'il verra l'escarboucle à vingt lieues, la ville lui paraîtra n'être distante que d'une seule !

»Dans cette tour, il y a trois niveaux[1]. Celui qui les a édifiés était très habile. Ils sont dallés de marbre et les deux étages supérieurs n'ont d'autre soutènement qu'un pilier par lequel se fait le passage[2]. Le pilier s'élève des fondations jusqu'à la flèche du sommet.

---

[1] V. 1847. Le rez-de-chaussée compte pour un étage.

[2] V. 1852. *Que par celui estuet passer* n'est pas clair (il se peut qu'au moins un couplet ait disparu) : le pilier central creux doit abriter un escalier à vis qui permet le passage d'un étage à l'autre. C'est par lui aussi que passe l'eau qu'un système ingénieux (une noria, sans doute) fait monter jusqu'aux étages. L'escalier qui mène à la chambre de l'émir est distinct : il fait communiquer par une galerie l'édifice de la tour avec le bâtiment du palais où se trouvent les appartements de l'émir.

U marbre cler comme cristal
dedens a un bien fait canal   1856
par quoi sus monte une fontaine,
dont l'eve est molt clere et molt saine,
desi c'amont el tierç estage.   [a]
Li engignieres fu molt sage ;   1860
el tierç fait l'eve retorner
de l'autre part par le piler :
en cascun estage se trait
l'eve par le conduit et vait.   1864
Les dames qui en la tor sont
en prendent quant mestier en ont.
Et es estages cambres a
dusc'a set vins ; ja ne verra   1868
nus hom morteus plus delitable :
li piler sont trestout de marbre
et de plaitoine est la closure,
d'un arbre cier qui tostans dure ;   1872
de myrre et aussi de benus
sont les fenestres tot li plus.
Tot çou fist querre a grant travail
por metre en sa tor l'amirail,   1876
car la u est, serpens ne wivre
n'autre vermine n'i puet vivre.
Li cieus desus qui ferme au mur
est pains a or et a azur.   1880
Molt a apris de l'escriture
qui puet savoir de la painture :
li fait i sont des ancissours,
les proueces et les estours.   1884
En cascune a une pucele
li amirals mise novele,
tele com lui vient a plaisir ;
la l'a fait metre et bien servir.   1888
De l'un estage en l'autre vont
par les degrés qui fait i sont.

Dans le marbre cristallin il y a une canalisation ingénieuse par laquelle remonte jusqu'au troisième étage l'eau d'une source claire et pure. L'architecte a été très habile ; il a fait redescendre l'eau du troisième étage par le pilier ; en passant par la conduite, l'eau dessert chaque étage. Les dames qui résident dans la tour en prennent quand elles en ont besoin. Aux étages, il y a des chambres, cent quarante en tout : aucun mortel n'en verra jamais de plus agréables. Les colonnes y sont toutes de marbre et les cloisons sont revêtues de platane, un bois précieux inaltérable. Presque toutes les fenêtres sont en bois de myrrhe et d'ébène ; l'émir a fait rechercher ces essences à grands frais, car dans ces matériaux aucun serpent, aucun reptile, aucune vermine ne peuvent vivre. Le ciel[1] tendu d'un mur à l'autre est peint d'or et d'azur. Pour interpréter la peinture, il faut être bien savant : toute l'histoire des anciens, leurs hauts faits et leurs batailles y sont représentés.

»Dans chaque chambre l'émir a installé une jeune fille vierge, qu'il a choisie à son goût. Il l'y a fait mettre et l'y fait bien servir. Les jeunes filles, par des marches qui y ont été aménagées, peuvent aller d'un étage à l'autre.

---

[1] V. 1879. Il s'agit d'une tenture fixée sous la voûte de manière à coiffer toute la chambre.

El moien estage a un huis
en une loge qui vait juis ;
par celui vait on contreval
droit en le cambre l'amiral.
Par icel huis vienent et vont
les puceles que il semont,
qui doivent l'amiral servir
ensi com li vient a plaisir.
En la tor a set vins puceles
de grant parage et forment beles ;
por çou qu'i sont les damoiseles
a a non la Tors as Puceles.
Trestoutes celes qui i sont
deus et deus son service font,
iceles deus que il eslit,
a son lever et a son lit ;
l'une sert de l'eve doner
et la touaile tient son per.
Les gardes qui en la tor sont
les genitaires pas nen ont.
trois en a en cascun estage,
estre le maistre, le plus sage,
a cui cascuns des nuef apent,
par lui les servent humlement
et del mangier et del lit faire.
Li maistre est fel et deputaire
et si garde l'uis de la tour
set bien quant il est nuis u jour.
En son puing tient cascuns une arme,
u misericorde u gisarme.
Li maistre maint en un arvol.
De l'uis garder nel tien por fol :
[…] se nisun home voit garder
sus en la tor por espïer,
par si que il n'en ait congié
de l'amirail, est tout jugié :

1892

1896

1900

1904

1908

1912

1916
[b]

1920

1924

A l'étage intermédiaire il y a une porte qui donne sur une galerie par où l'on accède directement à la chambre de l'émir, en contrebas. C'est par cette porte que passent les jeunes filles qu'il fait appeler ; elles sont à l'entière disposition de l'émir pour le servir selon son bon plaisir[1]. Il y a dans la tour cent quarante jeunes filles, de haut rang et très belles. Du fait de la présence de ces demoiselles on l'appelle la Tour-aux-Pucelles. Les jeunes filles de la tour font par deux, à tour de rôle, le service de l'émir à son lever et à son coucher. Il choisit lui-même les deux élues. L'une lui verse l'eau, sa compagne tient la serviette.

»Les gardes qui sont postés dans la tour sont des eunuques. Il y en a trois à chaque étage, outre leur chef, le plus expérimenté, auquel sont soumis les neuf autres. Sous ses ordres, ils s'occupent docilement des repas des demoiselles et leur font leur lit. Le chef est dur, féroce. Il garde la porte de la tour sans s'en laisser conter[2]. Chacun des gardes tient dans son poing une arme, miséricorde ou guisarme. Le chef demeure dans une loge ; je ne crois pas qu'il prenne à la légère sa fonction de gardien ; s'il voit quelqu'un lever les yeux vers la tour sans la permission de l'émir, son compte est bon ;

---

[1] V. 1893-98 Texte conjectural fondé sur *B*, dont quelques leçons ont dû cependant être corrigées (leçons de *B* rejetées : 1894 *Dusqu'en la chambre* - 1895 *et vont* manque - 1897 *l'amirant*).

[2] V. 1918. Le texte *set bien quant il est nuis u jour* est probablement altéré. Le ms. *B* présente une leçon différente (*lectio facilior* ?) : *Bien sert celes et nuit et jor*. Les deux leçons *set* et *sert* pourraient provenir de mélectures d'un modèle normand **seit bien quant il est nuit o jor* « (soit) qu'il fasse nuit ou qu'il fasse jour ». On a cependant tenté de conserver le texte de *A* en considérant le vers comme une consécutive sans conjonction et en donnant à l'expression le sens de 'bien savoir distinguer la nuit du jour', c'est-à-dire 'ne pas être stupide'.

ains qu'il se parte de la place,
tot sans parole et sans manace,
se il veut, tot le reubera   1928
et sans amende le batra,
car de l'amirail a congié,
por çou est si outrecuidié.   1932
[Et il molt bien garde se prent,
que nus hom en la tor laiens
ne puet metre le pié sans li,
por çou est il si signori.]   1936
Quatre gaites a en la tour
qui veillent le nuit et le jour.
[De ces gaites vos di por voir
que il en ont molt grant avoir   1940
por çou que le doivent garder,
et il s'en voelent molt pener.]
Se riens i voient aprocier,
a ceus dedens le vont noncier.   1944
Li amirals tel costume a
que une feme o lui tenra
un an plenier et noient plus,
puis mande ses rois et ses dus ;   1948
dont li fera le cief trencier.
Ne veut que clerc ne chevalier
ait la feme qu'il a eüe :
a la dame est l'onors rendue.   1952
Aprés, quant il veut l'autre prendre,
ses puceles si fait descendre
totes ensanle en un vergié ;
cascune en a son cuer irié,   1956
car l'onor doutent por la mort
k'aprés en ont sans nul restort.
Or devés del vergier oïr,
por coi les fait illuec venir.   1960
Li vergiers est et biaus et grans,
nus n'est si biaus ne si vaillans.

avant que cet homme ait pu quitter les lieux, sans discussion ni sommation, si le portier en a envie, il va le dépouiller entièrement et le rosser sans lui permettre de payer une amende de réparation. Il tient ce pouvoir de l'émir, de là son arrogance. [Il monte une garde draconienne, si bien que personne ne peut entrer dans la tour sans son aval, ce qui explique son assurance].

»Au sommet de la tour[1] il y a quatre veilleurs qui montent la garde nuit et jour. [Ces veilleurs, je vous le certifie, sont fort bien payés pour leur tâche, et ils s'en acquittent avec zèle.] S'ils voient quelqu'un approcher ils vont prévenir ceux de l'intérieur.

»L'émir observe la coutume que voici : il ne garde la même femme qu'une année, sans plus. Après, il convoque ses vassaux, rois et ducs, et il fait trancher la tête à cette femme : il veut que personne, ni clerc ni chevalier, ne possède la femme qu'il a possédée : quel honneur pour la dame[2] ! Ensuite, quand il veut prendre une nouvelle épouse, il fait descendre toutes ensemble[3] ses vierges dans un jardin. Elles sont toutes en alarme, car elles redoutent l'honneur d'être choisie à cause de la mort à laquelle à terme l'élue sera vouée.

»Il faut maintenant que vous écoutiez pour quelle raison il les fait venir dans ce jardin. C'est un vaste et magnifique jardin. Il n'en existe pas d'aussi beau, d'aussi splendide.

---

[1] V. 1937. Le texte est moins précis (*en la tour*). Il doit s'agir de veilleurs postés dans le hourd mentionné au v. 1825. Ils seraient distincts des neuf eunuques de l'intérieur.

[2] V. 1952. La remarque est ironique, si tant est que le texte de A soit le bon (ms. *B : A une autre est l'ennor rendue Aprés, quant il veult autre prendre*).

[3] V. 1955. *totes ensanle* : ms. *B*. Le ms. *A* dit : *voyant tos les sers* : s'agit-il des vassaux, ducs et rois, qui ont été convoqués ? Ils seraient alors assimilés à des serfs ou à des esclaves, du fait du pouvoir absolu de l'émir signalé plus haut.

De l'une part est clos de mur
tot paint a or et a asur,   1964
et desus, sor cascun cretel,
divers de l'autre a un oisel ;
d'arain est trestous tresjetés,
onques mais ne fu veüs tés :   1968
quant il vente si font douç cri
que onques nus hom tel n'oï,
si ne fu ainc beste tant fiere,
se de son cant ot la maniere,   1972
lupars ne tygre ne lions,
ne s'asoait quant ot les sons.
Quant li oisel ont grignor vent,
adont cantent plus doucement,   1976
et el vergier, au tans seri,
des oisiaus i a si douç cri,
et tant de faus et tant de vrais,
merles et calendres et gais   1980
et estorniaus et rosignos,
et pinçonés et espringos
et autres oisiaus qui i sont
qui par le vergier joie font,   1984
qui les sons ot et l'estormie
molt est dolans s'il n'a s'amie.
De l'autre part, ce m'est avis,
court uns flueves de Paradis   1988
qui Eufrates est apelés :
de celui est avironés,
issi que riens n'i puet passer
se par desus ne peut voler.   1992
En icele eve de manieres
truevë on precïeuses pieres ;
saffirs i a et calcidoines,
boines jagonses et sardoines,   1996
rubis et jaspes et cristaus
et topasses et boins esmaus

»Sur l'un de ses côtés, il est clos par un mur recouvert de peintures or et azur. Sur ce mur, sur chaque créneau, il y a un oiseau différent des autres, coulé en airain massif ; on n'a jamais rien vu de tel. Quand le vent souffle, ils émettent un son mélodieux comme personne n'en a jamais entendu[1]. Et il n'est bête, si féroce soit-elle, léopard, tigre ou lion, qui ne s'apprivoise en entendant ce cri[2]. [Plus le vent souffle, et plus doux est le chant de l'oiseau]. Et par beau temps, dans le jardin, les oiseaux font entendre de beaux trilles, les artificiels comme les vrais, merles, calandres, geais, étourneaux, rossignols, pinsons, loriots et autres, qui hantent le parc et s'y égaient ; en entendant ce joyeux ramage, on se sent bien malheureux si l'on n'a pas sa bien-aimée à ses côtés !

»De l'autre côté, je crois, court un fleuve de Paradis qu'on appelle l'Euphrate[3]. Il entoure le parc, en sorte qu'aucun être vivant ne saurait traverser, si ce n'est par la voie des airs. Dans ce fleuve on trouve toute sorte de pierres précieuses ; il y a des saphirs et des calcédoines, de belles hyacinthes et des cornalines, des rubis, des jaspes et des cristaux, et des topazes et de beaux émaux,

---

[1] V. 1966-9. Selon le ms. *A*, il n'y a qu'un oiseau artificiel. *B* est plus bref et doit être plus fidèle au texte originel. Son texte présentant cependant bien des défauts, on s'est résolu à ne corriger dans *A* que quelques détails pour rétablir une pluralité d'oiseaux.

[2] V. 1974. *A* : *qu'il n'en soient en soupeçon* "[il n'est pas de bête...] qui ne soit à l'écoute de ce chant".

[3] V. 1990. L'Euphrate est traditionnellement un des quatre fleuves de l'Eden. Il a parfois été confondu avec le Nil, ce qui est ici en accord avec le flou voulu par l'auteur (*cf.* Babylone/Le Caire).

et autres que nomer ne sai,
car pas oï nomer nes ai. 2000
Li vergiers est tostans floris
et des oisiaus i a grans cris.
Il n'a soussiel arbre tant cier,
benus, plantoine n'aliier, 2004
ente nule ne boins figiers,
peskiers ne periers ne noiers,
n'autre cier arbre qui fruit port,
dont il n'ait assés en cel ort. 2008
Poivre, canele et garingal,
encens, girofle et citoual
et autres espisses assés [d]
i a, qui flairent molt soués. 2012
Il n'en a tant, mon essïent,
entre Orïent et Occident.
Qui ens est et sent les odors
et des espisses et des flors 2016
et des oisiaus oïst les sons
et haus et bas les gresillons,
por la douçor li est avis
des sons qu'il est en Paradis. 2020
En miliu sort une fontaine
en un prael, et clere et saine ;
en quarel est fais li canal
de blanc argent et de cristal. 2024
Un arbre i a desus planté,
plus bel ne virent home né ;
por çou que tos jors i a flors
l'apelë on l'arbre d'amors : 2028
l'une revient quant l'autre ciet.
Par grant engien l'arbres i siet,
car li arbres est tos vermeus.
De çou ot cil molt bons conseus 2032
qui le planta k'a l'asseoir
fu fais l'engiens, si com j'espoir.

et d'autres pierres dont j'ignore le nom, ne l'ayant jamais entendu prononcer.

»Le jardin est toujours en fleurs, toujours y retentit le concert des oiseaux. Il n'est au monde d'essence précieuse, ébène, platane ou alisier, ni d'arbre greffé, doux figuier, pêcher ou poirier, ni noyer ni aucun autre arbre fruitier dont ce parc ne soit abondamment pourvu. On y trouve du poivre, de la cannelle, du galanga, de l'encens, du girofle, de la zédoaire, et bien d'autres épices aux très douces senteurs. Il n'y en a pas tant, que je sache, dans l'Orient et l'Occident réunis ! Celui qui, dans ce jardin, respire le parfum des épices et des fleurs et entend le ramage des oiseaux et le chant modulé des cigales, il doit, dans ce concert harmonieux, se croire au Paradis.

»Au milieu du jardin jaillit parmi l'herbe une source dont l'eau est claire et pure ; elle s'écoule dans un canal de carreaux d'argent et de cristal étincelants. Au-dessus a été planté un arbre tel qu'aucun mortel n'en a vu de plus beau : comme il ne cesse de donner des fleurs, on l'appelle l'Arbre d'Amour ; aussitôt qu'une fleur tombe, une autre s'ouvre. Cet arbre, grâce à un dispositif très ingénieux, est entièrement rouge. Celui qui l'a planté était extrêmement habile, car je crois que le dispositif a été installé au moment où l'arbre a été planté.

Au main, quant lieve li soleus,
en l'arbre fiert trestos vermeus. 2036
Cil arbres est si engigniés
que tostans est de flors cargiés.
Quant li amirals veut coisir,
ses puceles i fait venir 2040
au ruissel de la fontenele
dont de fin or est la gravele
quant passer doivent le canal
qui est d'argent et de cristal, 2044
outre en vont ordeneement
et il au passer molt entent
et a sa gent i fait entendre.
Grant mervelle i puet on aprendre, 2048
car quant il i passe pucele,
lors est li eve clere et bele ;
au trespasser de feme eüe
l'eve en est lués tote meüe. 2052
Oïr pöés molt grant merveille
a cui nule ne s'apareille :
cele qui puet estre provee
desfaite est et en fu jetee. 2056
Aprés les fait totes passer
desous l'arbre por acerter
la quel d'eles cel an ara,
cele sor cui la flors carra. 2060
Li arbres est de tel maniere ;
sor cui karra la flors premiere
eneslepas iert coronee
et dame du païs clamee ; 2064
il le noçoie a grant honor
et si l'aime comme s'oissor
desi a l'an, que jou ai dit ;
adont le viole et ocit. 2068
Et se il a o soi pucele
que il mieus aime et soit plus bele,

Le matin, le soleil levant inonde l'arbre de sa lumière rougeoyante[1]. Cet arbre est si intelligemment conçu qu'il est toujours chargé de fleurs !

»Quand l'émir veut faire son choix[2] parmi ses jeunes vierges, il les fait venir au ru de la source qui court sur un gravier d'or fin. Pour traverser le canal d'argent et de cristal, elles passent l'une après l'autre : l'émir observe très attentivement leur passage et il demande à ses vassaux d'en faire autant. Il se produit là un prodige : quand c'est une vierge qui passe, l'eau reste limpide, mais au passage d'une femme déflorée elle se trouble aussitôt. [Et écoutez cela, car c'est une chose étonnante et unique :] toute femme dont la faute est ainsi prouvée est abattue et envoyée au bûcher[3]. Ensuite l'émir les fait toutes passer sous l'arbre pour décider[4] laquelle il prendra jusqu'à la fin de l'année. L'arbre est agencé de telle sorte que la première sur qui une fleur tombera sera couronnée sur-le-champ et proclamée reine du pays, et l'émir l'épouse en grande pompe et il l'aime comme sa femme jusqu'à la fin de l'année où, comme je l'ai dit, il la fait mettre à mort brutalement. Et si l'émir a dans sa tour une jeune fille qui ait sa préférence et qui soit plus belle que les autres,

---

[1] V. 2036. Le ms. *B* donne ensuite deux vers sans doute originaux : *et avec lui fierent dui vent par qu'est tenu tempreement*. Le dispositif ingénieux est fondé sur le maintien d'une température obtenue grâce à des souffles de brise douce qui doivent être canalisés vers l'arbre.

[2] V. 2039. Sens moderne de *choisir*. Le ms. *B* utilise ici le verbe *sortir* 'tirer au sort'.

[3] V. 2056. *desfaite* signifie ici 'tuée'. Le corps coupable est mis ensuite au bûcher purificateur. Mais le vers peut signifier 'mise à mort par le feu' (*cf. Dolopathos*, où le sort de la reine et des femmes impures que sont ses suivantes sera le bûcher).

[4] V. 2058. *Acerter* 'rendre certain', ici 'rendre officiel', 'arrêter'. L'émir ayant déjà fait son choix, mais le rituel public étant nécessaire pour l'officialiser, l'émir doit tricher en recourant à la magie pour « aider » le destin à se prononcer dans le sens souhaité.

sor li fait par encantement [252a]
la flor caïr a son talent. 2072
D'ui en un mois li jors sera
que ses barons assanlera,
tot icil qui sont de sa geste,
car a cel jor tenra sa feste. 2076
Blanceflor dist k'adont prendra,
sor totes autres ciere l'a ;
es set vins n'a si bele flor,
por çou le veut prendre a oissor. 2080
Il desire molt son servise,
tote s'entente a en li mise ;
le terme het qui tant demeure,
ja ne cuide que viegne l'eure. » 2084
Flores respont : « Sire, merci !
Dont sui jou mors s'il est ensi.
Car s'est espouse l'amirail,
dont sai bien k'a estros i fail. 2088
Daires, biaus ostes, que ferai ?
Par mon cief, calenge i metrai !
Et moi k'en caut se perç ma vie
quant jou perdu arai m'amie ? » 2092
Daires respont : « Puis que jou voi
k'en vostre cuer a tel esfroi
que vos ne caut de vostre vie
se le perdés por vostre amie, 2096
or m'escoutés, si vos dirai
le millor consel que jou sai.
Demain irés droit a la tor ;
con se fuissiés engigneor, 2100
quans piés est lee mesurés,
a la hautor garde prendés.
Li portiers a le cuer felon,
sempres vos metra a raison, 2104
et vos par engien respondés
que contrefaire le volés

c'est sur elle que par magie il fait, selon son désir, tomber la fleur.

»Dans un mois ce sera le jour où il réunira ses barons, tous les grands de son empire. La cérémonie aura lieu ce jour-là. On dit que c'est Blanchefleur qu'il prendra : il la préfère à toutes les autres. Elle est la plus belle de ces cent quarante fleurs[1]. C'est pourquoi il veut l'épouser. Il a hâte qu'elle soit sienne[2], car il est passionnément amoureux d'elle. L'attente de la fête lui paraît horriblement longue et il a l'impression que ce jour-là ne viendra jamais.

— Seigneur, s'exclame Floire, pitié ! Je suis un homme mort s'il en est ainsi ! Car si l'émir l'épouse, mon échec est certain, je le sais. Daire, mon cher hôte, que faire ? Je jure sur ma tête que je vais y faire obstacle. D'ailleurs que m'importe si j'y perds la vie, puisque j'aurai perdu ma bien-aimée ?

Daire lui répond :

— Comme je vois que le désarroi de votre cœur est si grand qu'il vous est indifférent de mourir pour votre amie, écoutez-moi donc, je vais vous proposer le meilleur plan que je sache. Vous irez demain à la tour. Comme si vous étiez un architecte, vous allez mesurer combien de pieds elle fait de largeur, vous en évaluerez la hauteur. Le portier est très méfiant. Il va aussitôt vous interpeller, et vous, en réponse, vous lui direz que vous voulez en faire construire une réplique

---

[1] V. 2079. Jeu subtil sur le nom de l'héroïne, le motif central du *Conte*, le sens figuré de *fleur* 'élite' et le sens symbolique de *fleur* 'virginité', les pensionnaires de la Tour étant toutes des vierges.

[2] V. 2081. Littéralement "Il désire son service". Il pourrait s'agir du *service de son lever*, que Blanchefleur, on va l'apprendre, accomplit quotidiennement en compagnie de Gloris. Mais il se peut aussi que *service* ait ici un sens érotique. Il faut noter que l'émir n'a de relation charnelle qu'avec l'épouse légitime de l'année en cours, ce qui explique son impatience dès lors qu'il est amoureux d'une autre de ses vierges.

quant vos serés en vostre terre,
car n'i venistes por el querre. 2108
<Quant ensi parler vos orra,
rice home lors vos cuidera,>
puet estre a vos s'acointera,
des eskés a vos jüera, 2112
car il molt volentiers i juie
quant trueve a cui molt se deduie.
Et vos en vostre mance arés
cent onces d'or qu'al ju metrés, 2116
mais sans avoir n'i alés mie,
si com vos amés vostre vie,
car a engien, si com j'espoir,
le decevrés par vostre avoir. 2120
Se gaaignés, tout li rendés
et vos cent onces li donés,
et il molt s'esmerveillera,
por çou a vos jüer volra. 2124
Et l'endemain la repairiés
et molt tres bien li otroiés ;
au ju a double porterés.
Se gaaigniés, tot li rendés, 2128
le vostre et le sien li donés,
que vos ja plus n'i atendés.
Por le don grasse vos rendra,
del revenir vos proiera. 2132
Vos li dirés : « Sire, de gré. [b]
Je vos ai forment enamé.
Or et argent a plenté ai,
saciés k'assés vos en donrai, 2136
car vos m'avés bel acueli,
bel aparlé, vostre merci. »
quatre cens onces l'endemain
et vostre coupe en l'autre main 2140
reporterés a l'eskekier.
S'il vos avient a gaaignier,

quand vous serez rentré dans votre pays, et que vous n'êtes pas venu pour autre chose. Quand il vous entendra parler de la sorte, il se dira que vous êtes un puissant personnage, et il cherchera sans doute à lier connaissance et à faire une partie d'échecs avec vous, car il adore y jouer s'il trouve un adversaire à son goût. Quant à vous, vous aurez dans votre manche[1] cent onces d'or, que vous mettrez en jeu. Sans or, inutile d'y aller, si vous tenez à votre vie, car je crois que c'est au moyen de votre or que vous parviendrez à l'abuser. Si vous gagnez, tenez-l'en quitte et même donnez-lui vos propres cent onces d'or. Il en sera éberlué et voudra jouer de nouveau avec vous. Acceptez, et revenez-y le lendemain. Vous apporterez pour le mettre en jeu le double de la somme de la veille. Si vous gagnez, tenez-le quitte encore ; en homme qui ne compte pas, laissez-lui son or et donnez-lui le vôtre. Il vous remerciera pour ce cadeau et vous priera de revenir. Vous lui direz : "Volontiers, seigneur. Je vous ai pris en grande amitié. J'ai de l'or et de l'argent en abondance ; sachez que je vous en donnerai beaucoup, car vous m'avez traité avec beaucoup d'égards et de paroles aimables, je vous en sais gré. " Le lendemain vous apporterez pour la partie d'échecs quatre cents onces d'or, et dans l'autre main vous prendrez votre coupe. Si vous parvenez à gagner,

---

[1] V. 2115. Les manches amples du manteau de l'époque servent à l'occasion de poche.

vostre or et le sien li rendés,
mais vostre coupe retenés. 2144
Donc vaura que por li jüés
et que vos au ju le metés.
Et vos, ne vaurés mais jüer.
Dont vos menra a son disner. 2148
Liés se fera de son tresor
que il avra fait de vostre or,
ennorra toi a son mangier
et durement te tenra chier. 2152
De la coupe iert molt covoiteus
et de l'acater angoisseus.
Molt offerra por acater,
mil mars vos en vaura doner. 2156
Dont li dites rien n'en prendrés,
mais par amistiés li donrés.
Dont par ert il si deceüs
et de vostre amor embeüs 2160
que de joie a vos piés karra
et homage vos offerra.
Et vos en prendés bien l'omage
et la fiance s'estes sage. 2164
Lors vos tenra il a amor
com li hom liges son signor.
Puis li porrés tot descovrir
le mal qui si vos fait languir. 2168
Se il puet, il vos aidera,
et s'il ne puet, nus nel porra. »
Flores a Dairon mercïé
del consel qu'il li a doné. 2172
A tant boivent, si vont gesir.
Por le penser laist le dormir.
Flores se lieve par matin
et Daires le mist au cemin. 2176
Es le vos au pié de la tour ;
a esgarder le prent entour.

remettez-lui votre or, renoncez au sien, mais conservez votre coupe. Il voudra donc que vous la mettiez en jeu. Mais vous, vous n'aurez plus envie de jouer. Alors il vous invitera à dîner avec lui. Satisfait de s'être enrichi de votre or, il vous traitera pendant le repas avec beaucoup d'égards et de manifestations d'amitié. Il lorgnera la coupe, brûlant d'envie de l'acheter. Il en offrira un très bon prix, il vous en proposera mille marcs. Dites-lui alors que vous ne prendrez rien de lui, mais que vous allez la lui donner par amitié. Alors il sera à ce point abusé et aveuglé par son amour pour vous que, dans un élan de joie, il se jettera à vos pieds et vous offrira son hommage. De votre côté, acceptez son hommage et son serment, si vous n'êtes pas un sot ! Il vous traitera alors avec tout l'amour qu'un homme lige porte à son seigneur. Après cela, vous pourrez lui avouer quel est le mal qui vous fait languir ainsi. Il fera tout ce qu'il pourra pour vous aider ; si lui ne le peut, personne ne le pourra.

Floire remercie Daire pour ses conseils. Ils boivent, puis ils vont se coucher. Floire est trop préoccupé pour dormir, et il se lève de bon matin. Daire lui a montré le chemin.

Voici Floire au pied de la tour. Il se met à tourner autour et à l'examiner.

Es vos l'uissier qui l'arasone
si roidement que tot l'estone :   2180
« Estes espie u traïtour
qui si espiiés nostre tour ?
— Sire, dist il, naie, par foi,
mais por içou l'esgar et voi   2184
k'en mon païs tele feroie
se ja mais venir i pooie. »
Cil sot parler tant ricement,
et cil le vit tant bel et gent,   2188
por çou k'en lui vit tel biauté,
tote entrelaist sa cruauté
et dist : « Ne sanlés pas espie. »
De jüer as eskés l'envie.   2192
<*Floires li dist qu'il joëroit*   [BNF 1447, f°*13a*]
se grant avoir en geu metoit :
« *Qu'i metrïez* ? — *Cent onces d'or*.
— *Et je autant de mon tresor*. »   2196
Au geu s'asieent, plus n'i ot.
Cil joua mielz qui plus en sot ;   [*b*]
ce fu Floires qui l'avoir ot.
Lui le donna con plus tost pot.   2200
Cil le vit, moult s'en merveilla,
du don forment le mercia ;
moult le pria du reperier
joër au geu de l'eschequier.   2204
Et il si fist sanz demorance,
deus cenz onces d'or en sa manche,
et cil en i remist deus cenz.
Floires du gaaignier n'est lenz ;   2208
tout gaaingna et tot li donne.
Tel joie a cil que mot ne sonne ;
aprés grant piece l'en mercie
et son service li afie.   2212
Quant Floires prist de li congié,
du reperier l'a moult proié.

Soudain voici que le portier l'apostrophe, si brusquement que Floire en est resté abasourdi :

— Êtes-vous un espion ou un mouchard pour observer ainsi notre tour ?

— Non, seigneur, dit Floire, je vous le jure ; si je l'observe ainsi, c'est parce que je compte en faire une réplique parfaite dans mon pays, si je puis y retourner un jour.

Floire sut lui parler en grand seigneur, et l'autre, lui voyant si bel aspect, désarmé par tant de beauté, en oublia sa férocité :

— Vous n'avez pas l'air d'un espion, lui dit-il.

Il lui lança un défi aux échecs.[1] <Floire lui dit qu'il jouerait s'il misait gros :

— Combien miseriez-vous ?

— Cent onces d'or.

— Je veux bien moi aussi prélever la même somme sur ma cassette.

Sans plus attendre, ils vont s'installer pour jouer une partie.

Le plus habile joua le mieux : ce fut Floire qui ramassa les mises. Aussitôt il les offrit au portier. Voyant cela, celui-ci, éberlué, le remercia du fond du cœur pour ce cadeau et le pria de revenir faire une autre partie d'échecs. Floire revint, ponctuel, avec deux cents onces d'or dans sa manche[2] ; le portier misa lui aussi deux cents onces. Floire ne met pas longtemps à gagner. Il gagne tout... et il rend tout ! l'autre en éprouve une telle joie qu'il reste sans voix. Au bout d'un moment assez long, il le remercie et l'assure de son dévouement. Lorsque Floire prit congé, le portier le pria instamment de revenir.

---

[1] V. 2192. Le remanieur de *A*, qui a amputé sévèrement le récit de la partie d'échecs, a inséré ici un couplet : *Et Flores ensi esploita comme ses ostes li loa* « Floire fit comme le lui avait conseillé son hôte ». Il a laissé cependant quelques bribes du récit originel. Les parties rapportées du ms. *B* (en italique) pour combler les lacunes créées par ces coupures sont données ici sans adaptation au système graphique de *A*.

[2] V. 2205-6. Rime hybride : *demouranc(h)e : manche*.

Et il si fist a l'endemain.
Sa coupe d'or porte en sa main 2216
et quatre cenz onces d'or mier
qu'il mist au geu de l'eschequier,
et li huissiers fet ensement ;
puis a assis chaucuns sa gent. 2220
Li huissiers a sa gent assise
et moult l'a bien en ordre mise.
Au roc em prent un grant tropel
Floires, si dist eschec moult bel. 2224
Quant li huissiers est perceüz,
bien set que ses geuz est perduz ;
son or li rent forment iriez,
mais Floires li rent, dont est liez : 2228
le sien li donne et si li rent
le gaaing, et cil le reprent,
car soi tenoit a engignié.
Puis li a doucement proié 2232
que la coupe au geu <re>meïst.
« Non ferai, voir ! » Floires li dist. >
A tant l'en maine li huissier
o lui a son ostel mangier. 2236
Forment l'oneure tot por l'or
dont tant a creü son tresor.
Mais de la coupe ert angoisseus
et de l'avoir molt covoiteus, 2240
et dist molt bien l'acatera,
mil onces d'or por li donra.
<Quant Flores voit sa covoitise,
es poins li a la coupe mise,> 2244
et dist : « Pas ne la vos vendrai,
mais par amor le vos donrai,
por çou qu'il m'ert gerredonés
se mon besoing ja mais veés. » 2248
Cil prent la coupe et puis li jure
k'en lui servir metra sa cure.

Ce que Floire fit le lendemain. Il portait à la main sa coupe d'or, ainsi que quatre cents onces d'or pur qu'il mit en jeu pour cette partie ; le portier en fit autant. Puis chacun a disposé ses pièces. Le portier s'est appliqué à placer les siennes en bon ordre. Avec sa tour Floire lui en rafle un bon nombre, et par une habile manœuvre le met échec. Quand le portier a compris le coup, il se rend compte que la partie est perdue pour lui ; la mort dans l'âme, il lui donne son or, mais, voici qui le remet de bonne humeur, Floire le lui restitue : il lui offre sa propre mise et lui rend ce qu'il a gagné. L'autre accepte, estimant avoir été mystifié[1]. Puis d'un ton doucereux, il prie Floire de mettre aussi sa coupe en jeu.

— Il n'en est absolument pas question, lui dit Floire. >

Le portier l'emmène dîner chez lui. L'or dont il a grossi son trésor l'incite à le traiter avec de grands égards. Mais ce qui le travaille, c'est la coupe, et il brûle d'envie de l'acquérir : il la paiera très cher, lui dit-il, il en donnera mille onces d'or !

Voyant à quel point il la convoite, Floire lui a mis la coupe dans les mains :

— Je ne vais pas vous la vendre, je vais vous la donner par amitié, à condition que vous ne soyez pas ingrat si jamais vous me voyez dans l'embarras.

L'autre prend la coupe, puis il lui jure qu'il fera tout pour le servir.

---

[1] V. 2231. Il est peu probable que ce trait vienne de l'original, car il détonne dans le contexte.

De s'amor est tous embeüs
et de l'avoir tous deceüs. 2252
Il l'en maine sans atargier
esbanoier ens el vergier.
As piés li ciet, offre s'oumage ;
Flores le prent, si fait que sage. 2256
Cil fiance que par amor
le servira comme signor,
de çou soit il seürs et fis
que j'a n'en iert fais contredis. 2260
« Sire, fait Flore, or est ensi,
com en mon home en vos me fi.
Des ore vos dirai ma vie.
Lassus en la tor est m'amie, 2264
cele qui non a Blanceflors.
Tant me destraint la soie amors
que d'Espaigne l'ai cha sivie.
Emblee me fu par envie. 2268
Sire, or aiés de moi merci,
car de ma vie en vos me fi.
La fins est tele : u jou l'avrai,
u por s'amor de duel morrai. » 2272
Li portiers l'ot, molt s'esbahi,
forment se tint a escarni :
« Engigniés sui, dist il, c'est voirs !
Deceü m'a li vostre avoirs. 2276
Par covoitise en ai le tort,
por vostre avoir avrai la mort.
Mais ensi est k'el n'en puis faire,
lacié m'avés, n'en puis retraire. 2280
U bien m'en prenge, u mal m'en viegne,
ne lairai covens ne vos tiegne,
et si sai jou bien, par ma foi, [d]
que par içou morrons tot troi. 2284
A vostre ostel vos en irés,
dusqu'a tierç jor repaierrés.

Il est tout grisé de l'amitié que Floire lui a témoignée et complètement aveuglé par cette aubaine. Sans plus tarder, il emmène Floire se détendre dans le jardin. Il se jette à ses pieds et lui offre son hommage ; Floire l'accepte, et il a bien raison ! Le portier lui jure qu'il le servira fidèlement comme son seigneur : "Qu'il soit sûr et certain que jamais il ne prétextera d'empêchement"[1].

— Seigneur, dit Floire, désormais je me fie à vous comme à mon vassal. Je vais vous dire à présent qui je suis. Là-bas, dans la tour, se trouve mon amie, qui s'appelle Blanchefleur. Je suis si fortement épris d'elle que je l'ai suivie d'Espagne jusqu'ici. On avait eu la cruauté de me la ravir. Seigneur, ayez pitié de moi, car je remets ma vie entre vos mains. Voici mon dernier mot : ou bien j'aurai Blanchefleur, ou bien pour l'amour d'elle je mourrai de douleur.

A ces mots, le portier fut frappé de stupeur ; il se dit qu'il s'était fait berner.

— En vérité, dit-il, j'ai été mystifié. Je me suis laissé séduire par vos fastueux présents. C'est ma cupidité qui m'a conduit à commettre cette erreur ! A cause de vos libéralités je vais trouver la mort ! Mais, au point où en sont les choses, je ne puis faire autrement : vous m'avez pris au piège, je ne puis m'en dégager ! Quoi qu'il advienne de moi, je ne vais pas faillir à ma promesse. Et pourtant je sais bien, je vous le jure, qu'à cause de cela nous allons mourir tous les trois ! Vous allez rentrer chez vous et vous reviendrez dans deux jours.

---

[1] V. 2260. Il s'agit donc d'un hommage lige, qui prévaut sur la vassalité du portier envers l'émir.

Jou commencerai entre tant. »
Et Flores respont en plorant : 2288
« Cil termes, fait il, est trop grans. »
Li portiers li fu respondans :
« A moi est cours, car de la mort
sui dont aseür sans resort. » 2292
Flores s'en va et cil remaint.
Cascuns d'aus deus forment se plaint ;
a l'un est lons, a l'autre court.
Flore ne caut a coi qu'il tourt : 2296
se il pooit avoir s'amie,
ne li caut se il pert sa vie.
A tant s'en est Flores torné.
Li portiers a engien trové 2300
k'as damoiseles de la tour
vaura present faire au tierç jor ;
de flors assés a fait cuellir
et corbeilles grandes emplir. 2304
A tant est Flores repairiés,
au terme vient joians et liés.
Un bliaut ot vestu vermel,
car de l'huissier en ot consel, 2308
por çou c'avoit une coulor
et li vestimens et la flor.
L'uissiers envoie ses presens,
de l'envoier ne fu pas lens. 2312
Une corbeille a a cascune,
si a fait Flore entrer en une ;
Flores clot les ieus, pas nes oevre,
et li portiers des flors le coevre. 2316
Dont a deus serjans apelés :
« Ceste corbeille me portés
<lassus amont en cele tor
a damoisele Blanceflor,> 2320
a la cambre lés le degré
qui va au lit a l'amiré,

Je prendrai entre-temps des dispositions.

Floire lui répond en pleurant :

— Ce délai est bien long !

— A moi, il me semble court, réplique le portier, car je suis certain de trouver la mort dans cette entreprise, sans aucun recours ![1]

Floire quitte le portier et s'en va. Et chacun de se lamenter de son côté, l'un parce que le délai est trop long, l'autre parce qu'il est trop court ! Floire ne se soucie pas des conséquences ; s'il peut ravoir sa bien-aimée, peu lui importe de risquer sa vie !

Floire est alors rentré chez lui. Le portier a imaginé un stratagème : il fera, dans deux jours, un présent aux demoiselles de la tour. Il a fait cueillir une grande quantité de fleurs et en a rempli de grandes corbeilles.

Sur ces entrefaites, Floire est revenu. Il arrive tout joyeux au rendez-vous. Il a revêtu un bliaud rouge, comme le portier lui a recommandé de le faire parce que vêtement et fleurs sont de la même couleur.

Le portier envoie ses présents sans tarder. Il y a une corbeille pour chacune des demoiselles, et il a fait entrer Floire dans l'une d'elles. Floire garde les yeux fermés, il se garde bien de les ouvrir ! Le portier le recouvre avec les fleurs. Puis il a appelé deux serviteurs.

— Apportez cette corbeille là-haut, dans la tour, à mademoiselle Blanchefleur, dans la chambre qui se trouve près des marches qui conduisent à la chambre à coucher[2] de l'émir.

---

[1] V. 2291-96 : *B* n'a ici que quatre vers, sans doute meilleurs : *Biau sire Floire, vos ne chaut De cest afaire conment aut ; se poëz veoir votre amie Ne doutez riens de votre vie !*

[2] Littéralement : "au lit de l'émir".

se li dites que li envoi.
Gré m'en sara, si com jou croi,   2324
et si cuit que l'avra molt ciere.
Puis vos en venés tost arriere. »
Cil prendent les flors, ses emportent ;
si sont cargié que tot detordent.   2328
Des flors dïent molt en i a,
si maudïent kis i foula.
Par les degrés montent amont,
mais a la cambre fali ont ;   2332
le Blanceflor laissent a destre,
en l'autre entrent kist a senestre.
Quant cil sont ens, lor flors descargent,
a celi qu'il truevent les baillent   2336
et lor message en haste font,
lor flors laissent, si s'en revont.
Cele les prent, si les mercie.
A la corbeille est tost salie,   2340
des flors se jue et esbanie.
Flores cuide çou soit s'amie,
de la grant joie sus sailli,
et la pucele s'esfreï,   [a]
de la poor c'ot si s'escrie :
« Merveille voi ! Aïe ! Aïe ! »
Flores resaut en la corbeille,
s'il ot paor n'est pas merveille !   2348
Quant il a s'amie a failli,
dont cuide bien c'on l'ait trahi.
Des flors errant s'a recovert,
si que de lui noient ne pert.   2352
A tant ses compaignes akeurent ;
quant els l'oënt pas ne demeurent,
si li demandent que ele oit,
por quel paor ensi crioit.   2356
Cele se fu asseüree
et de Blancheflor porpensee :

Dites-lui que c'est moi qui la lui envoie. Elle m'en saura gré, j'imagine, car je pense qu'elle lui plaira beaucoup. Dès que ce sera fait, revenez.

Les serviteurs prennent les fleurs et les emportent. Ils sont tellement chargés qu'ils marchent tout de guingois. Ils se disent qu'il y a trop de fleurs et maudissent celui qui les a tassées à ce point. Ils gravissent les marches, mais se trompent de chambre. Laissant sur leur droite celle de Blanchefleur, ils entrent dans l'autre, à gauche. Une fois à l'intérieur, ils déposent leurs fleurs, les remettent à la jeune fille qu'ils trouvent là, lui font en hâte leur commission, laissent les fleurs et se retirent. La jeune fille reçoit les fleurs et les remercie. Elle bondit aussitôt vers la corbeille [et se met à jouer avec les fleurs. Floire croit que c'est sa bien-aimée]. Dès qu'il a entendu la jeune fille, il s'est redressé d'un bond, tout joyeux. La jeune fille fut effrayée et, sous le coup de la peur qu'elle avait éprouvée, elle s'écria :

— Que vois-je ? Au secours, au secours !

Floire replonge dans la corbeille. Il n'est pas étonnant qu'il ait pris peur ! N'ayant pas trouvé son amie, il se dit qu'il est perdu. Il s'est prestement enfoui sous les fleurs et disparaît complètement.

Là-dessus, ayant entendu les cris de la jeune fille, ses compagnes accourent sans perdre un instant. Elles lui demandent ce qui lui est arrivé, ce qui l'avait effrayée au point de lui arracher ce cri. La jeune fille s'était ressaisie et avait pensé à Blanchefleur :

ce fu ses amis, bien le sot,
que ele tant regreter sot.   2360
Quant ele se fu porpensee,
si a parlé comme senee :
« Des flors sali uns paveillon,
des eles feri mon menton.   2364
Del paveillon tel paor oi
que m'escriai plus tost que poi. »
Arriere s'en revont gabant,
ele remest seule o l'enfant.   2368
Ele ert a Blanceflor compaigne
et fille a un duc d'Alemaigne.
Entre les deus molt s'entramoient,
ensanle a l'amirail aloient.   2372
La plus bele estoit de la tour
de toutes, aprés Blanceflor.
Illueques pas grant plait ne tint,
en la cambre Blanceflor vint.   2376
Blanceflor est de l'autre part.
S'ele parole, c'est a tart :
en son ami a mis s'entente,
por lui est nuit et jor dolente   2380
Les cambres prés a prés estoient ;
entre les deus un huis avoient
par coi l'une a l'autre venoit
quant son bon dire li voloit.   2384
Gloris ot non la damoisele.
Blanceflor doucement apele :
« Bele compaigne Blanceflor,
volés vos veoir bele flor   2388
et tele que molt amerés,
mon essïent, quant le verrés ?
Tel flor n'a nule en cest païs ;
ele n'i crut pas, ce m'est vis.   2392
Venés i, si le connistrés ;
donrai le vos se vos volés.

"C'était sûrement son ami, celui pour lequel elle ne cessait de pleurer !" Ayant fait ce rapprochement, elle répondit avec une belle présence d'esprit :

— Un papillon a surgi des fleurs, ses ailes ont effleuré mon menton. Ce papillon m'a causé une telle frayeur que j'ai aussitôt poussé un cri !

Elles s'en retournent en se moquant d'elle. Le jeune fille se retrouve seule avec le jeune homme. Elle était la compagne de Blanchefleur ; c'était la fille d'un duc d'Allemagne. Les deux jeunes filles se vouaient une affection mutuelle et elles allaient ensemble servir l'émir. Après Blanchefleur, c'était la plus belle de toutes les pensionnaires de la tour.

Elle ne s'attarde pas longuement dans sa chambre et se rend dans celle de Blanchefleur.

Blanchefleur a l'esprit ailleurs[1]. Si elle prononce parfois une parole, elle est le plus souvent silencieuse. Elle ne se soucie que de son bien-aimé. Nuit et jour, elle ne cesse de se lamenter pour lui.

Les chambres étaient mitoyennes. Entre les deux il y avait une porte par laquelle chacune pouvait se rendre chez l'autre quand elle voulait se confier. La demoiselle s'appelait Gloris.

Elle interpelle affectueusement Blanchefleur :

— Chère compagne, Blanchefleur, voulez-vous voir une fleur d'une beauté telle qu'elle aura tout pour vous plaire, je crois, quand vous la verrez ? Il n'y a pas de fleur de ce genre dans ce pays, il me semble qu'elle n'a pas dû pousser ici. Venez la voir, vous la reconnaîtrez. Je vous la donnerai si vous la voulez.

---

[1] V. 2377. Cette interprétation paraît préférable à une traduction littérale : *Blanchefleur était ailleurs* (ou *dans la chambre voisine*).

— Avoi ! fait Blanceflor, Gloris,
por coi si griement m'escarnis ? 2396
Pecié faites, en moie foi,
quant vos ensi gabés de moi.
Damoisele qui a amor
et joie en soi doit avoir flor. 2400
Bele suer Gloris, douce amie,
prés est li termes de ma vie.
Li amirals dist qu'il m'ara, [b]
mais, se Diu plaist, il i faura. 2404
L'amirals faura a m'amor
com fait Flores a Blanceflor.
Por soie amor engien querrai
et priveement m'ocirrai. 2408
Ami ne vaurai ne mari
quant jou au bel Flore ai fali. »
Quant cele l'ot, pitiés l'en prent,
puis se li a dit doucement : 2412
« Damoisele, por soie amor
vos requier que veés la flor. »
Quant de s'amor conjuré l'ot,
o li s'en va com plus tost pot. 2416
Flores a la parole oïe.
Quant sot de voir que c'est s'amie,
de la corbeille sali hors.
Visage ot cler et gent le cors, 2420
onques nus plus biaus hom ne fu.
Blanceflor l'a tost coneü,
et il ra bien li coneüe ;
el vit son dru et il sa drue. 2424
Sus s'entrekeurent sans parler,
grant joie font a l'assambler.
De grant pitié, de grant amor,
pleure Flores et Blanceflor. 2428
De ses bras li uns l'autre lie
et en baisier cascuns s'oublie.

— Hélas, Gloris, dit Blanchefleur, pourquoi vous raillez-vous de moi si cruellement ? Vous avez tort, je vous l'assure, de vous moquer de moi de la sorte. Recevoir des fleurs, c'est bon pour celle qu'habitent joie et amour. Gloris, ma sœur chérie, ma douce amie, je ne vais pas tarder à mourir. L'émir dit qu'il m'aura pour épouse, mais s'il plaît à Dieu il échouera. L'émir n'aura pas plus mon amour que Floire n'a sa Blanchefleur. Pour l'amour de Floire, je vais chercher un moyen de me tuer de ma propre main. Puisque j'ai perdu le beau Floire, je ne veux plus ni amant ni mari.

A ces mots, Gloris est tout attendrie. Elle lui répondit affectueusement :

— Mademoiselle, c'est pour l'amour de lui que je vous demande de voir la fleur.

Gloris l'ayant adjurée au nom de son amour, elle l'accompagna aussitôt. Floire avait entendu la conversation. Quand il fut certain que c'était sa bien-aimée, il bondit hors de la corbeille. Avec son visage aux traits purs, son corps charmant, il était plus beau que ne l'a jamais été aucun homme. Blanchefleur l'a vite reconnu, et lui aussi l'a reconnue : oui, c'est son bien-aimé, là, devant elle ! oui c'est sa bien-aimée, là, devant lui ! Sans un mot ils s'élancent l'un vers l'autre. Quelle joie quand ils se réunissent ! D'attendrissement et d'amour, Floire et Blanchefleur se mettent à pleurer. Ils s'étreignent mutuellement, et tous deux s'oublient dans un long baiser.

El baisier a une loëe,
qu'il font a une reposee.   2432
Lor baisiers est de douce amor,
molt l'asaveurent par douçor.
Quant le laissent, nul mot ne dïent,
ains s'entresgardent, si sosrïent.   2436
Gloris voit lor contenement,
lor joie et lor acointement.
En riant dist a Blanceflor :
« Compaigne, conissiés la flor ?   2440
Orains estiés vos deshaitie,
mais or vos voi joiant et lie !
Grant vertu a icele flors,
qui si tost taut si grans dolors.   2444
Orains ne le voliés veoir,
or n'avés nul si cier avoir !
Molt esteroit vostre anemie
qui vos en feroit departie.   2448
— Kieles ! fait Blanceflor, Gloris,
ja est çou Flores, mes amis ! »
Puis se torne vers son ami :
« Par li vos ai, soie merci. »   2452
Gloris de Diu forment mercïent
et en plorant merci li crïent
que par li descovert ne soient,
car mort u desfait en seroient.   2456
« Bien en pöés estre asseür,
la rien que plus aim vos en jur,
garderai vos en boine foi
si comme jou feroie a moi   2460
se ensement m'iert avenu. »
Quant Flores l'ot, joians en fu.
Et Blanceflor adont l'en maine   [c]
en la soie cambre demaine.   2464
En un arvol d'une cortine
de soie u gisoit la mescine

Ce baiser dure une bonne lieue, qu'ils parcourent d'une seule traite ! C'est un baiser de doux amour, qu'ils assaisonnent délicieusement ! Quand ils s'arrêtent, ils se regardent en souriant, sans dire un mot.

Gloris voit leur comportement, leur joie, leur familiarité. En riant elle dit à Blanchefleur :

— Compagne, vous connaissez cette fleur ? Il y a peu vous étiez abattue, mais je vous vois maintenant heureuse et gaie ! Elle a un bien grand pouvoir, cette fleur qui efface si vite de si grandes douleurs ! Tout à l'heure vous ne vouliez pas la voir, et maintenant c'est votre bien le plus cher ! Elle serait votre pire ennemie, celle qui chercherait à vous en séparer !

— Ah, Gloris ! fait Blanchefleur, c'est Floire, mon ami !

Puis elle se tourne vers son amant :

— C'est à elle que je dois de vous avoir, grâces lui en soient rendues !

Ils remercient vivement Gloris et la bénissent, et ils lui demandent en pleurant que par pitié elle se garde de les faire découvrir, car ce serait pour eux la mort ou la torture.— Vous pouvez compter sur moi. Je vous jure par ce que j'ai de plus cher que je veillerai sur vous aussi scrupuleusement que je le ferais si j'étais à votre place.

Floire est heureux de ce qu'il entend. Blanchefleur l'emmène alors dans sa chambre. Sous un baldaquin tendu de soie où dormait la jeune fille,

se sont assis priveement.
Aprés dist cascuns son talent. 2468
Flores a premiers commencié :
« Amie, fait il, molt sui lié.
Molt ai bien ma paine akievee
quant jou ensi vos ai trovee. 2472
Por vos ai esté de mort prés
et de travail soffert grant fés.
Onques, puis que perdu vos oi,
joie ne repos ainc puis n'oi. 2476
Quant je vos ai a mon talent,
il m'est avis nul mal ne sent. »
Ele respont : « Estes vos Floire,
qui fu envoiés a Montoire, 2480
a cui me toli par envie
li rois ses pere o trecerie ?
Biaus dous amis, je vos faç sage
que je vos aim de boin corage : 2484
ainc puis n'oi joie ne deduit,
saciés, ne par jor ne par nuit.
Comment venistes vos çaiens ?
Çou cuit que soit encantemens. 2488
Biaus amis Flores, je vos voi
et neporquant si vos mescroi !
Mais, amis, qui que vos soiés,
forment vos aim, ça vos traiés ! » 2492
Et il si fist com plus tost pot ;
la damoisele bien le got.
<Aprés a l'un l'autre conté
confaitement il ont erré 2496
des icel jor qu'il departirent
dusqu'a celui qu'il s'entrevirent. >

   Quinze jors entiers iloec furent,
ensanle mangierent et burent 2500
et orent joie a lor talent,
si se deduisent lïement.

ils se sont assis seul à seul. Puis chacun a raconté ce qu'il avait à dire. Floire a parlé le premier :

— Ma bien-aimée, je suis au comble du bonheur, et bien payé de mes peines, puisque je vous ai retrouvée. Pour vous, j'ai été bien près de mourir, et j'ai porté un lourd fardeau de tourments ! Jamais, depuis que je vous ai perdue, je n'ai pu trouver la joie ni le repos. Maintenant que je vous ai tout à mon aise, il me semble que je ne ressens plus aucune souffrance !

— Êtes-vous bien ce Floire qui avait été envoyé à Montoire ? répond-elle ; celui auquel, cruellement, son père m'a enlevée par ruse ? Mon doux ami, je vous déclare que je vous aime d'un cœur sincère. Sachez que depuis lors je n'ai jamais éprouvé aucune joie, jamais eu de distraction, ni le jour ni la nuit. Comment êtes-vous entré ici ? Je suppose que ce doit être par magie ? Floire chéri, j'ai beau vous voir, je n'en crois pourtant pas mes yeux. Mais, mon ami, qui que vous soyez, je vous aime à la folie : venez près de moi !

Et c'est ce qu'il fait sur-le-champ. Ah ! quelle fête lui fait la demoiselle ! Ensuite, ils se sont raconté l'un à l'autre ce qu'ils sont fait depuis le jour de leur séparation jusqu'à celui de leur retrouvailles.

Ils restèrent là quinze jours entiers[1], mangeant et buvant ensemble, et ils eurent toute la joie qu'ils souhaitaient, passant ainsi de délicieux moments.

---

[1] V. 2499. La durée n'est pas donnée par *A*, mais elle est mentionnée dans *B* et dans la *Flóres saga*.

Gloris les garde en boine foi
et si les sert molt bien a moi ;
et de lor mangier et del sien
les sert Gloris, molt lor est bien.

    Se cele vie lor durast,
ja mais cangier ne le rovast
Flores li biaus et Blancefor,
ensi menaissent lor amor.

    Mais ne porent, car lor amors
torna Fortune, par ses mors.
De lor amor et de lor vie
demoustra bien qu'ele ot envie.

    Por çou que d'aus voloit jüer,
sor aus fait sa roe torner.
Or les avoit assis desus,
et abattre les reveut jus.

    Çou est ses jus, c'est sa nature,
en çou met s'entente et sa cure,
bien le connoissent cil del mont,
car tout le sentent qui i sont. […]

    As uns taut et as autres done,
set fois mue entre prime et none.
El ne garde pas a proëce
a doner largement rikece.

    Ce set on bien, au fol prové
done roiame u grant conté
et les veskiés done as truans
et les boins clercs fait pain querans.

    Qui en li cuide estableté,
je le tieng bien por fol prové ;
qui en son doner point se fie
ne connoist pas sa drüerie.

    Or fait plourer et or fait rire,
or done joie et or done ire :
ceus fist primes joieus et liés,
puis angoisseus et coreciés.

2504

2508

2512

2516

2520

2524
[d]

2528

2532

2536

Gloris veille sur eux scrupuleusement et les sert comme il convient ; elle leur apporte leur nourriture et en prélève sur sa part : ils s'en trouvent fort bien ![1]

Si cette existence avait pu durer, ils n'auraient jamais voulu en changer ; le beau Floire et Blanchefleur auraient continué à couler ainsi leur existence amoureuse !

Mais ils n'en eurent pas le loisir, car Fortune, à son habitude, fit basculer leur amour ; elle manifesta bien qu'elle prenait ombrage de leur félicité et de leur passion.

Parce qu'elle voulait se jouer d'eux, elle fit tourner sa roue à leur détriment ; alors qu'elle venait de les placer au sommet, elle voulut les précipiter en bas.

C'est à ce jeu qu'elle se complaît, c'est sa nature, c'est la seule chose qui l'intéresse ; tout le monde la connaît bien, car chacun subit ses coups. [...][2]

Elle ôte aux uns, elle donne aux autres, change sept fois d'avis entre l'aube et la fin du jour et ne tient aucun compte du mérite pour distribuer la richesse !

On le sait, c'est à celui dont la sottise est avérée qu'elle donne royaume ou grand comté ; les évêchés, elle les donne à des gueux, tandis qu'elle réduit les nobles clercs à la mendicité !

Celui qui croit à sa constance, je le tiens pour un vrai sot ; celui qui compte tant soit peu sur ses faveurs ne connaît pas la vraie nature de sa sollicitude.

Tantôt elle fait pleurer, et tantôt elle fait rire, tantôt donne la joie, et tantôt l'amertume : nos héros, qu'elle avait d'abord comblés de joie et de bonheur, elle les a plongés ensuite dans la détresse et dans l'affliction.

---

[1] V. 2507-38. La disposition en « quatrains » de ce passage correspond à une pause lyrique : l'action est suspendue.

[2] V. 2522. *AB* ajoutent un couplet (voy. LEÇONS REJETÉES) qui n'est qu'une amplification du thème de *l'estableté* traité plus bas. Une fois retranché ce couplet maladroit et inutile, ce développement traditionnel sur les caprices de Fortune semble s'organiser en "quatrains lyriques". Toutefois, en l'absence du témoignage de *V*, notre reconstitution reste incertaine.

LE CONTE DE FLOIRE ET BLANCHEFLEUR

Par un matin se fu levee
bele Gloris et conraee ; 2540
Blanceflor la preus apela.
El respont : « Alés, g'irai ja. »
En dormillant li respondi,
eneslepas se rendormi. 2544
Ele est a l'amirail venue ;
il li demande de sa drue
por coi ne vient et or n'est ci.
Gloris respont : « Sire, merci ! 2548
Tote nuit a liut en son livre
que a joie peüssiés vivre,
k'a paines tote nuit dormi,
contre le jor se rendormi. 2552
— Est çou voirs, Gloris ? — Sire, oïl.
— Molt est france cose ! fait il.
Bien doit estre cele m'amie
qui veut que j'aie longe vie ! » 2556
Li amirals en ot pitié,
por çou si l'a ensi laissié.
Et l'endemain tot ensement
lieve Gloris premierement ; 2560
Blanceflor doucement apele :
« Trop avons ci demoré, bele. »
Cele respont : « Je me conroi.
Ains de vos i serai, ce croi. » 2564
A tant ses amis le racole
et ele lui, si fait que fole,
et puis l'a baisié et il li.
En baisant se sont rendormi. 2568
Ensanle dorment bouce a bouce,
que l'une face a l'autre touce.
Gloris fu au piler alee,
el basin a l'aigue versee. 2572
Quant ele revint, si l'apele,
quatre fois li dist : « Damoisele ! »

Un beau matin, le belle Gloris s'est levée et préparée ; la bonne demoiselle a appelé Blanchefleur. Celle-ci lui répond :

— Allez-y, je vous rejoins.

Elle lui avait répondu dans un demi-sommeil, et elle s'était rendormie aussitôt.

Gloris est arrivée chez l'émir. Il lui demande pourquoi Blanchefleur n'est pas là.

— Seigneur, pardonnez-lui ! Toute la nuit elle a lu des prières pour que vous viviez heureux, si bien qu'elle n'a guère dormi cette nuit, et que c'est au point du jour qu'elle a trouvé le sommeil.

— Est-ce vrai, Gloris ?

— Oui, seigneur.

— Quel noble cœur ! s'exclame-t-il. Il est juste qu'elle ait mon amour, elle qui veut que je vive longtemps.

Par amour pour elle, l'émir ne donna aucune suite à l'affaire.

Le lendemain, de la même manière, Gloris se lève la première ; elle appelle doucement Blanchefleur :

— Nous sommes en retard, ma chérie.

— Je me prépare, répond-elle. J'y serai avant vous, je crois !

Sur ce, son amant l'enlace, et elle l'enlace à son tour —l'inconsciente !—, puis ils échangent un baiser. Pendant ce baiser ils se sont rendormis. Ils dorment unis bouche contre bouche, et leurs visages se touchent.

Gloris s'est rendue au pilier ; elle a versé de l'eau dans le bassin. A son retour, elle rappelle Blanchefleur à quatre reprises :

Quant ele rien ne respondoit,
dont cuide bien k'alee en soit. 2576
Ele vient au lit son signor.
Quant le vit : « U est Blanceflor ?
Par foi, fait il, poi me crient,
que tant demeure et que ne vient. » 2580
En Gloris n'ot que porpenser :
« Par foi, ci le cuidai trover,
sire, car ains de moi leva.
Quant n'est venue, ja venra. » 2584
Venue fust s'ele peüst, [253a]
s'autre oquison trové n'eüst !
Li rois ot son cuer trespensé.
Son cambrelenc a apelé : 2588
« Va, fait il, haste Blancefor,
que tost descende de la tour. »
Cil ne s'est mie aperceüs
de Gloris, sus en est venus. 2592
Quant vint en la cambre maniere,
par mi l'arvol de la verriere
le lit a tost aperceü ;
vis li est qu'il i a veü 2596
Blancefor et bele Gloris.
Por coi ne li fust il avis ?
K'a face n'a menton n'avoit
barbe, ne grenons n'i paroit : 2600
en la tor n'avoit damoisele
qui de visage fust plus bele.
Quant il les vit tant doucement
jesir andeus, pitiés l'en prent, 2604
esbahis fu, si s'en revait ;
a son signor conte ce plait :
« Sire, merveilles ai veü !
Ainc mais si grans amors ne fu 2608
com a Blancefor vers Gloris
et ele a li, ce m'est avis.

— Mademoiselle !

Comme Blanchefleur ne répondait pas, elle crut qu'elle était partie.

Elle s'est rendue au lit de son maître :

— Où est Blanchefleur ? demanda-t-il en la voyant. Si elle tarde ainsi à venir, j'ai l'impression qu'elle ne me craint guère !

Gloris n'eut pas le temps de réfléchir :

— Ma foi, seigneur, je croyais la trouver ici, car elle s'est levée avant moi. Si elle n'est pas là, elle ne va pas tarder à venir.

Elle serait venue, si elle avait pu ! Si elle n'avait pas eu mieux à faire ![1] Inquiet, le roi appela son chambellan :

— Va presser Blanchefleur de venir, qu'elle descende bien vite de la tour !

Le chambellan n'a pas remarqué la présence de Gloris ; il est passé loin d'elle. En arrivant dans la chambre, il a jeté à travers la verrière un rapide regard sur le lit : il lui semble qu'il y a vu Blanchefleur avec Gloris. Et comment ne s'y serait-il pas trompé ? C'est qu'en effet Floire n'avait au visage et au menton ni barbe ni moustaches : il n'y avait pas de demoiselle dans la tour qui eût un visage plus beau que le sien ! En les voyant dormir ensemble si gentiment, le chambellan fut tout attendri et déconcerté, et il s'en retourna. Il alla rapporter la chose à son maître :

— Seigneur, j'ai vu une chose étonnante ! Jamais deux êtres n'ont dû s'aimer aussi passionnément que Blanchefleur et Gloris !

---

[1] V. 2585-6. Cette phrase est un clin d'œil de l'auteur, elle ne doit pas être rattachée au discours de Gloris. Le ms. *B* donne aussi une réflexion de l'auteur, mais plus discrète : *Se cuidast qu'endormie fust, Autre acheson trouvé eüst*, "Si elle avait pensé que Blanchefleur s'était endormie, elle aurait inventé une autre excuse".

Ensanle dorment doucement,
acolé s'ont estroitement,   2612
et bouce a bouce et face a face
s'ont acolé, et brace a brace.
De pitié nes voel esvillier,
trop les cremoie a travillier.   2616
Molt lor siet a gesir ensanle. »
Quant Gloris l'ot, de paor tranle !
Li rois entra en jalousie,
crient que aucuns gise o s'amie :   2620
« Aportés moi, fait il, m'espee,
s'irai veïr cele assanlee.
Vois ci Gloris, tu as failli ! »
A tant se lieve a cuer mari.   2624
Coureciés est par verité
et molt par a son cuer iré.
Adont s'en vont tot cele part.
De jalousie trestous art,   2638
car por voir il ne cuidoit mie
que nus osast amer s'amie.
Et neporquant par jalousie
li met amors el cuer envie.   2632
Il et ses cambrelens s'en vont,
par les degrés montent amont,
en son puing tint sa nue espee,
en la cambre entre a recelee.   2636
Il a fait la fenestre ovrir
que li solaus puist ens venir.
Li enfant doucement dormoient,
estroit acolé se tenoient ;   2640
bouce a bouce ert cascuns dormans.
S'or n'en pense li Rois poissans,
lor joie iert par tristor fenie,
se il nen ont Diu en aïe.   2644
En la cambre grant clarté ot   [b]
quant li solaus entrer i pot ;

Elles dorment ensemble tendrement, étroitement enlacées, bouche contre bouche et face contre face, et elles s'étreignent mutuellement. C'était si attendrissant que je n'ai pas voulu les réveiller, craignant de les déranger. C'est si beau de les voir dormir ainsi ensemble !

A ces mots, Gloris se met à trembler de peur. Le roi sent la jalousie l'envahir ; il craint qu'un homme ne dorme avec celle qu'il aime.

— Apportez-moi mon épée, s'écrie-t-il. Je vais aller voir ce couple ! Regarde, Gloris est ici, tu t'es trompé !

Il se lève alors, le cœur brisé ; il est vraiment au comble de l'inquiétude et du désespoir. Ils se rendent à la tour. L'émir est dévoré par le feu de la jalousie. En vérité, il ne pensait pas que quelqu'un pût avoir l'audace d'aimer son amie ; cependant, en son cœur, par l'effet de la jalousie, son amour tournait à la haine. Accompagné de son chambellan, il va, gravit les marches en brandissant une épée dégainée, entre dans la chambre en tapinois. Il fait ouvrir la fenêtre pour que pénètre la lumière du soleil. Les jeunes gens étaient plongés dans un doux sommeil, étroitement serrés l'un contre l'autre ; ils s'étaient endormis bouche contre bouche. Si le Seigneur Tout-Puissant n'y pourvoit, leur joie, faute de l'aide de Dieu, va s'achever bien tristement ! Une fois que la fenêtre fut ouverte, une grande clarté inonda la chambre,

li jors fu ja bien esclarcis.
Quant il les vit, tous fu maris ; 2648
Blanceflor connut bien, s'amie,
mais l'autre connut n'avoit mie.
Flores o s'amie gisoit ;
en son vis nul sanlant n'avoit 2652
qu'il fust hom, car a son menton
n'avoit ne barbe ne grenon ;
fors Blanceflor n'avoit tant bele
en la tor nule damoisele. 2656
Li rois le voit, nel connut mie.
Griement le point la jalousie.
Teus est amors et teus sa teke,
çou dont se crient tos jors seneke. 2660
« Descoevre, fait il, les poitrines,
au cambrelenc, des deus mescines ;
les mameles primes verrons
et puis si les esvillerons. 2664
Cil les descoevre, s'aparut
que cil est hom qui illuec jut.
Tel duel en a ne pot mot dire.
Eneslepas le vaut ocirre, 2668
puis se porpense k'ains sara
qui il est, puis si l'ocirra.
Entretant li enfant s'esveillent ;
paor ont grant, si s'esmerveillent ; [...] 2672
L'espee nue sor aus virent,
grant paor orent, si fremirent,
et de çou furent esperdu
quant le roi orent perceü. 2676
Dolant furent et courecié
quant il se furent esveillié.
Flores plora et Blanceflor ;
morir cuident sans nul retor. 2680
Et li rois en fu molt irés
quant il les a ensi trovés.

car la journée était déjà bien avancée. En voyant les jeunes gens, l'émir eut le cœur brisé. Il reconnaissait bien Blanchefleur, sa bien-aimée, mais l'autre personne, il ne l'avait jamais vue. C'était Floire qui dormait avec sa bien-aimée. Sur son visage, rien ne disait que ce fût un homme, car il n'avait ni barbe au menton ni moustaches. Dans la tour, hormis Blanchefleur, il n'y avait pas de jeune fille dont la beauté surpassât la sienne.

Le roi a beau regarder ce visage, il ne le reconnaît pas. La piqûre de la jalousie est bien douloureuse ! C'est la nature de l'amour, son signe distinctif : il représente toujours à l'amant l'objet de ses craintes !

— Découvre les poitrines des deux filles, dit-il à son chambellan, nous verrons d'abord leurs seins avant de les réveiller.

Le chambellan les découvrit, et alors l'on vit bien que c'était un homme qui était couché là. Sous le choc, l'émir reste sans voix. Il veut le tuer sur-le-champ, puis il se dit que d'abord il apprendra qui il est, et qu'il le tuera après.

Là-dessus, les jeunes gens se réveillent. Ils sont saisis de surprise et d'effroi[1]. Apercevant la lame de l'épée brandie au-dessus d'eux, ils sont terrorisés, ils se mettent à trembler. Et ce qui achève de les épouvanter c'est de voir qu'il s'agit du roi ! Quel douloureux, quel angoissant réveil pour eux ! Floire et Blanchefleur se mettent à pleurer, persuadés qu'il ne vont pas pouvoir échapper à la mort ! Quant au roi, il est furieux de les avoir ainsi trouvés.

---

[1] V. 2672. Ajout de *A* : "...en voyant le roi devant eux. Ils pensent alors qu'ils vont mourir" ; ce couplet anticipe maladroitement sur ce qui sera dit quelques vers plus bas.

Il en a Flore a raison mis :
« Qui estes qui tant estes bris   2684
k'osastes entrer en ma tour
et coucier avoec Blanceflor ?
Par tos les dieus a cui j'aour,
ancui morrés a deshonor !   2688
Ocirrai vos et la putain,
ançois qu'escapés, de ma main. »
Li doi enfant andoi ploroient
et de pitié s'entresgardoient.   2692
Flores respont : « Por Diu, nel dites !
Ainc millor cose ne veïstes.
Ses amis sui, ele est m'amie,
trovee l'ai tant l'ai sivie. »   2696
Flores a l'amiral deprie
que respit lor doint de lor vie
tant qu'en sa cort, voiant sa gent,
les ocie par jugement.   2700
Il lor done, ses fait lever.
Estroitement les fait garder,
que il ne puissent escaper.   [c]
Aprés fait ses barons mander.   2704
Li baron furent assamblé
contre la feste en la cité,
car li termes molt prés estoit
que sa feme prendre devoit.   2708
Vienent i roi et aumaçor,
et duc, et conte, et vavassor.
Tous emplist li palais le roi
de sa gent qui sont de sa loi.   2712
Il les a fait trestous taisir,
car dire lor veut son plaisir.
Tantost com il l'ot commandé,
ainc n'i ot puis un mot soné.   2716
Il s'est dreciés en son estage ;
iriés est molt en son corage :

Il a interrogé Floire :

— Qui êtes-vous, pour avoir eu l'audace folle d'entrer dans ma tour et de coucher avec Blanchefleur ? Par tous les dieux que j'adore, vous allez mourir aujourd'hui même ignominieusement ! Vous ne m'échapperez pas et je vais vous tuer de ma propre main, vous et cette putain !

Les deux jeunes gens se regardaient en pleurant, s'apitoyant l'un sur l'autre. Floire répondit à l'émir :

— Pour l'amour de Dieu, ne dites pas cela ! Vous n'avez jamais vu d'être plus vertueux. Je suis son ami, elle est mon amie. Après l'avoir longtemps cherchée, je l'ai enfin retrouvée.

Floire[1] supplie l'émir de leur accorder un sursis jusqu'à ce qu'en présence de ses vassaux, il les fasse mettre à mort par un jugement de sa cour.

L'émir le leur accorde et leur dit de se lever. Il les fait surveiller étroitement, afin qu'ils ne puissent s'échapper. Puis il fait convoquer ses barons.

Les barons étaient tous dans la ville, dans l'attente de la fête, car le moment approchait où l'émir devait se choisir une nouvelle épouse. Rois, almaçours, ducs, comtes et vavasseurs y viennent tous. La salle du palais royal est bondée des vassaux de sa mouvance. L'émir leur a imposé le silence, car il veut faire une déclaration. A peine en a-t-il donné l'ordre qu'on n'entend plus le moindre mot. Il s'est dressé, le cœur plein de colère :

---

[1] V. 2697-2700. Texte emprunté à *B*, appuyé par les versions étrangères et par le récit que fait le roi lors du procès ; nous l'avons adapté à la graphie de *A*. texte du ms. *B* : *Floires a l'amirant d. q. r. leur d. d. l. v. t. q. e. s. court v. sa. g. l. o. pour vengement.* *A* dit (voy. leçons rejetées) : « Et le chambellan de supplier le roi : — Monseigneur, ne les tuez pas avant que vos vassaux aient jugé l'affaire! Faites-les condamner à mort par un jugement ».

« Signor, fait il, or escoutés,
puis jugiés droit de çou k'orrés.   2720
Qui du droit dire defaura
c'est l'oquisons par coi morra. »
Qui vers lui dont forfait se set
ceste parole forment het.   2724
« Signor, fait il, tot li pluisor,
avés oï de Blanceflor,
une pucele c'acatai.
Grant masse d'or por li donai :   2728
encore n'a il pas deus mois
d'or i donai set fois son pois.
Sa biautés fu entre autres fiere,
por çou l'avoie forment ciere.   2732
En la tor entre mes puceles
dont il i a set vins de beles,
a honor servir le faisoie.
Sor totes ciere le tenoie.   2736
En li avoie tele amor
k'en voloie faire m'oisçor.
Por çou qu'ele ert et bele et gente
avoie en li mise m'entente.   2740
Cascun matin soloit venir
a mon lever por moi servir.
Ier n'i vint pas. Ui ensement,
quant dui lever, ne vint nïent.   2744
Mes cambrelens por li ala.
Un jovencel o li trova
dormant, cuida que fust pucele.
Eneslepas m'en dist novele.   2748
Jou i alai com plus tost poi ;
quant le trovai, grant ire en oi,
de duel qu'en oi ne peuç mot dire.
Eneslepas le vauç ocirre.   2752
Signor, si est que je vos di,
il me cria por Diu merci

— Seigneurs, dit-il, écoutez-moi. Vous direz ensuite le droit à propos de ce que vous allez entendre. Quiconque manquera à son devoir de dire le droit méritera la mort !

Tous ceux qui ont quelque chose à se reprocher s'épouvantent alors de ces paroles.

— Seigneurs, reprit-il, vous avez pour la plupart entendu parler de Blanchefleur, une jeune fille que j'avais achetée. J'ai donné pour elle une grande quantité d'or ; il n'y a pas deux mois, j'ai donné sept fois son pesant d'or ! Comme elle était d'une beauté extraordinaire, j'étais très attaché à elle. Je la faisais servir dans ma tour avec de grands égards en compagnie des autres vierges —il y en a cent quarante, toutes belles. Je la préférais à toutes les autres. J'étais si amoureux d'elle que je voulais faire d'elle mon épouse. Du fait de sa beauté et de son charme, elle était devenue l'unique objet de mes pensées. Chaque matin, elle venait à mon lever pour me servir. Hier, elle n'est pas venue. De même aujourd'hui, à l'heure de mon lever, elle ne s'est pas présentée. Mon chambellan est allé la chercher. Il a trouvé un jeune garçon qui dormait avec elle et qu'il a pris pour une jeune fille. Il m'en a aussitôt informé. Sans perdre un instant, je me suis rendu dans sa chambre. En le trouvant là, j'ai eu le cœur brisé. J'ai eu si mal que je suis resté sans voix. J'ai voulu le tuer sur-le-champ. Seigneurs, cela s'est passé comme je vous le dis. Implorant ma pitié, il m'a supplié pour l'amour de Dieu

que en ma cort, voiant ma gent,
les ocie par jugement. 2756
Porpensai moi que mal feroie
se sans jugier les ocioie.
Signor, oï avés mon conte.
Par jugement vengiés ma honte. » 2760
Uns rois s'en est levés en piés,
si lor a dit : « Signor, oiés !
Nos sires a conté son conte. [d]
Nos i entendons bien sa honte, 2764
mais neporquant oïr devons,
ains que jugement en faiçons,
se cil le voloit riens desdire
que nos ne le veons ocirre. 2768
De l'encouper, si com j'entent,
sans respons n'est pas jugement. »
De l'autre part est dans Yliers,
rois de Nubie fors et fiers : 2772
« Dans rois, fait il, foi que vos doi,
del tot en tot pas ne l'otroi.
Se me sire el forfait le prist,
grant droit eüst que l'ocesist, 2776
que s'on prent larron el forfait,
vers lui ne doit avoir nul plait.
Ses mesfais mostre apertement,
morir l'estuet sans jugement. » 2780
Or sont tot li baron levé,
sus el palais en sont entré ;
quant cil ot dit qui la besoigne
tient a trop malvaise, et tesmoigne 2784
et dist : « Por aus me sire envoit.
Ardoir les face et si l'otroit ! »,
tel parole vont otriant.
Doi serf les amainent avant. 2788
Il i vinrent forment plorant,
si s'entresgardent doucemant.

de les faire juger par mes barons et de les faire condamner par un jugement de cour. Je me suis dit que j'aurais tort de les tuer sans procès. Seigneurs, vous avez entendu mon récit. Rendez un jugement qui lave l'offense qui m'a été faite[1].

Un roi s'est levé et prend la parole :

— Seigneurs, écoutez-moi ! Notre seigneur nous a rapporté les faits. Nous voyons bien par son récit quelle offense il a subie. Pourtant, avant de prononcer un jugement, nous devons entendre si l'autre n'a rien à objecter qui puisse nous amener à ne pas le faire condamner à mort. A mon sens, un procès ne se réduit pas à l'accusation. Il faut aussi écouter la défense.

Dam Ylier, roi de Nubie, un personnage violent et arrogant, est d'un tout autre avis.

« Dam[2] roi, avec votre permission, je ne suis pas du tout d'accord. Puisque mon seigneur a pris le garçon en flagrant délit, il était en droit de le tuer sur-le-champ, car à criminel pris sur le fait, nul besoin de faire un procès. Sa culpabilité est manifeste et il doit être mis à mort sans procès.

Tous les barons se sont levés et se rendent dans la salle du palais. Quand eut fini de parler et d'argumenter celui qui soutenait que l'affaire était très grave, et qu'il eut conclu : « Que Monseigneur les envoie chercher ! Qu'il donne son accord pour qu'ils soient brûlés ! », ils approuvèrent ses paroles.

Deux esclaves amènent les jeunes gens, qui s'avancent en versant d'abondantes larmes et en se regardant l'un l'autre avec tendresse.

---

[1] V. 2760. Les barons doivent maintenant, conformément à l'usage, se retirer pour aller délibérer. Au v. 2782, ils reviennent dans la salle. La mention de leur retrait a donc été oubliée par l'auteur ou plutôt perdue par un copiste.

[2] V. 2771. Le titre archaïque *dan, dam, dant* (DOMINE) est en général ironique, méprisant ou brutal. Souvent employé dans les apostrophes épiques, il a des connotations féodales, qui s'opposent aux apostrophes courtoises *(biaus) sire, frere, amis...*

Flores apela Blanceflor :
« Bele, or avons de mort paor, 2792
si avons droit, car bien savons
que sans nisun terme morrons.
Mais, bele, çou vos ai jou fait,
par moi avés vos icest plait. 2796
Se jou ne venisse en la tor,
n'eüssiés pas ceste dolor.
Par vos ne fu çou pas, amie.
Or en perdrés por moi la vie. 2800
deus fois deüsse bien morir,
sel peüst Nature soffrir,
l'une por vos, l'autre por moi,
car trestout est par mon desroi. 2804
Bele, vostre anel bien gardés,
ne morrés pas tant com l'arés. »
Blanceflor respont en plourant :
« Amis, dist el, tort avés grant ! 2808
Biaus amis Flores, de ta mort
ai jou les coupes et le tort.
Vos venistes en ceste terre
trestot seulement por moi querre. 2812
Jou seule en fui li oquison,
por moi montastes el doignon,
n'i venissiés se jou n'i fuisse ;
morir por vos por çou deüsse. 2816
Por moi feront le jugement.
Biaus amis, vostre anel vos rent,
car par lui ne voel pas garir
par si que vos voie morir. » 2820
Il jure Diu nel recevra,
car ains de li, s'il puet, morra.
Et Blanceflor adont souspire [a]
de çou que ele li ot dire. 2824
Encor li dist qu'il le prendra,
et cil li dist que non fera.

LE CONTE DE FLOIRE ET BLANCHEFLEUR　　　　　　　　　　147

Floire interpelle Blanchefleur :

— Belle, nous avons à juste titre peur de la mort, car nous savons que nous allons mourir sans délai. Mais, ma chérie, c'est moi qui en suis responsable, c'est à cause de moi que vous êtes dans cette situation. Si je n'étais pas venu dans la tour, vous n'auriez pas connu ces affres. Vous n'y êtes pour rien, ma bien-aimée, allez-vous maintenant perdre la vie par ma faute ? Je devrais bien mourir deux fois, si la nature le permettait, une fois pour vous, l'autre pour moi, car tout cela est la conséquence de ma folle conduite. Belle, gardez bien votre anneau : aussi longtemps que vous le porterez, vous ne mourrez pas.

Blanchefleur, en larmes, lui répond :

— Mon bien-aimé, vous avez tort ! Floire chéri, c'est moi qui suis responsable de votre mort. Vous n'êtes venu dans ce pays que pour me chercher. Votre aventure n'avait pas d'autre but. C'est pour moi que vous êtes monté dans la tour. Vous n'y seriez pas venu si je ne m'y étais pas trouvée, aussi devrais-je mourir à votre place. C'est moi qu'ils vont condamner. Mon chéri, je vous rends votre anneau, car je ne veux pas être sauvée grâce à lui si je dois vous voir mourir !

Il jure devant Dieu qu'il ne le reprendra pas, car s'il le peut, il mourra avant elle. Alors, en l'entendant parler ainsi, Blanchefleur soupire. Elle lui répète que c'est lui qui doit le porter, et Floire lui répond qu'il n'en fera rien.

Ele voit nel prendra noient,
dont l'a jeté par maltalent.   2828
Uns dus le prist, qui l'entendi ;
quant l'anel tint, molt s'esjoï.
[Et adont a Blanceflor dit,
qu'ele n'i a mis nul respit,   2832
« Amis, dist ele, tort ariés
se vos ançois de moi moriés,
car bien sai, quant mort vos verroit,
por ma biauté me retenroit.   2836
— Bele, dist il, ançois morrai,
certes, que trestot çou fait ai. »]
Issi parlant li enfant vinrent
plorant, et par les mains se tinrent. 2840
Li rois rueve qu'il aient pais
trestot cil qui sont el palais.
Flore et Blanceflor venu furent,
par devant l'amirail s'esturent.   2844
Grans gens por aus assanlés virent ;
pleurent des ieus, del cuer sospirent.
De vivre seürté n'avoient
et neporquant tant bel estoient   2848
que lor tristor, par lor biauté,
resanle lune de clarté.
Paris de Troies n'Absalon,
Parthonopeus n'Ypomedon,   2852
ne Leda ne sa fille Elaine,
ne Antigone ne Ysmaine
en leece tant bel ne furent
com erent cil, qui morir durent.   2856
Flores li enfes fu molt biaus
de son eage damoisiaus.
Ses eages fu de quinze ans
et neporquant assés fu grans.   2860
Cief ot bien fait et crigne bloie,
desi au braiel si baloie,

Voyant qu'il ne le reprendra pas, elle l'a alors jeté, le cœur gros. Un duc l'a ramassé ; il avait entendu leur discussion, et il était ravi d'avoir cet anneau. [Quant à Blanchefleur, elle dit aussitôt à Floire :

— Mon bien-aimé, vous auriez tort de mourir avant moi, car je suis sûre qu'une fois que l'émir vous aurait vu mort, il me garderait à cause de ma beauté !

— Ma chérie, répond-il, je mourrai avant vous, c'est sûr, car c'est moi qui suis responsable de tout.]

Tout en parlant, les enfants s'avançaient, versant des larmes, en se tenant par la main.

Le roi demanda le calme à tous ceux qui étaient dans la salle. Floire et Blanchefleur étaient arrivés. Ils s'arrêtèrent devant l'émir. Voyant une foule assemblée pour eux, ils pleurent, ils soupirent. Bien qu'ils soient en danger de mort, ils sont si beaux que leur beauté a l'éclat de la pleine lune. Même au comble de leur félicité, Pâris de Troie ni Absalon, Parthénopée ni Hippomédon, Léda ni sa fille Hélène, ni Antigone, ni Ismène n'étaient aussi beaux que ces deux êtres sur le point de mourir !

Le jeune Floire était dans tout l'éclat de sa beauté d'adolescent[1]. Il n'avait que quinze ans mais il était très grand. Il avait une tête charmante, ses blonds cheveux flottaient jusqu'à sa ceinture.

---

[1] V. 2857. Les portraits viennent sans doute de la rédaction originelle. Mais ils nous sont parvenus ici sous une forme sérieusement amplifiée et altérée. L'âge attribué aux enfants est en contradiction trop marquée avec les repères chronologiques fournis par le récit ; d'autres inconséquences peuvent être décelées.

front par mesure, molt ert blans,
plus biaus ne fu nus hom vivans. 2864
Si surcil sont brun et petit,
onques nus hom plus bel ne vit.
Si oel sont gros por le plorer ;
nus ne s'en peüst soëler 2868
d'els esgarder s'il fussent lié,
mais del plorer sont empirié.
Sa face resanle soleus
quant au matin apert vermeus 2872
Au nés n'a bouce n'a menton
n'avoit ne barbe ne grenon.
Grailles par flans et grans par pis,
la car blance com flors de lis, 2876
bras ot cras, mains blances com nois.
Je ne cuit que voiés des mois
nisun plus bel de son eage,
plus fort, plus vaillant ne plus sage. 2880
Reube porprine vestue ot,
si fu laciés au mius qu'il pot.
Desfulés fu joste s'amie, [*b*]
qui de biauté nel passoit mie. 2884
Desfulee fu ensement
u ele atent son jugement.
Cief a reont et blonde crine,
plus blanc le front que n'est hermine. 2888
Greve avoit droite et bien menee.
El palais fu escavelee.
Suercils brunés, ieus vairs rians,
plus que gemme resplendissans. 2892
Nul contrefaire nel porroit.
Çou ert avis qui l'esgardoit
que a ses ieus n'aperceüst,
fors as larmes, que tristre fust. 2896
Sa face de color tres fine,
plus clere que nen est verrine.

Son front était parfait, son teint très pur : jamais mortel ne fut plus beau que lui. Ses sourcils étaient bruns et effilés, on n'en a jamais vu de plus beaux. Ses yeux, d'avoir trop pleuré, étaient gonflés ; s'ils avaient été rieurs, nul ne se serait lassé de les regarder, mais les larmes les avaient abîmés. Son visage rayonnait comme le soleil quand il apparaît dans son vif[1] éclat du matin. Au dessous du nez, autour de la bouche, au menton il n'avait ni barbe ni moustaches. Hanches étroites, buste long, teint blanc comme la fleur de lis, il avait des bras puissants, les mains d'une blancheur neigeuse. Je ne pense pas qu'avant longtemps vous puissiez voir aucun jeune homme de son âge qui soit plus beau, plus robuste, plus accompli, plus avisé. Il portait une tunique pourpre, qu'il avait ajustée du mieux qu'il avait pu et se tenait, sans manteau[2], auprès de son amie, dont la beauté ne surpassait pas la sienne.

Elle aussi était sans manteau, dans l'attente de sa condamnation. Elle avait la tête ronde, la chevelure blonde, le front plus blanc que l'hermine. Une raie droite, bien tracée, divisait sa chevelure. Elle était venue dans la salle les cheveux dénoués. Ses sourcils étaient bruns, ses yeux rieurs brillaient de plus d'éclat qu'une pierre précieuse. Il serait impossible de l'imiter. A qui l'observait, il semblait que, n'eussent été ses larmes, on n'aurait pu s'apercevoir de sa tristesse à contempler ses yeux. Son visage avait un teint très délicat, plus pur que le verre.

---

[1] V. 2872. Littéralement *dans son éclat rougeoyant*.

[2] V. 2883. Porter un manteau —d'intérieur— conviendrait à des hôtes, mais non à des personnes qui vont être jugées et exécutées.

Et les narines ot bien faites,
com se fuissent as mains portraites.   2900
Bouce bien faite par mesure,
ainc ne fist plus bele Nature.
Mieus faite estature pucele
nen a, ne roïne plus bele.   2904
Les levres por baisier grossetes,
si les avoit un peu rougetes.
Li dent sont petit et seré
et plus blanc d'argent esmeré.   2908
De sa bouce ist si douce alaine
vivre en puet on une semaine ;
qui au lundi le sentiroit
en la semaine mal n'aroit.   2912
Le col a tel et le menton
com apartient a la façon.
La car avoit assés plus blance
que n'est nule flors sor la brance.   2916
Le cors a tel et si bien fait
que s'on l'eüst as mains portrait,
grailles les flans, basse le hance.
Molt li siet bien sa destre mance.   2920
Blances mains et grailles les dois,
lons par mesure, forment drois.
N'a si sage home el pavement
qui sace eslire le plus gent.   2924
De lor biauté tot s'esbahirent
quant u palais entrer les virent.
N'a si felon home en la cort
qui de pitié por eus ne plort.   2928
Molt volentiers dont trestornaissent
le jugement se il osassent.
Mais li rois fu si fort iriés
que d'aus ne li prendoit pitiés.   2932
Oiant aus les a fait jugier
et en aprés estroit loier.

Elle avait les narines finement dessinées, comme si elles avaient été l'œuvre d'un artiste. Sa bouche était parfaite. Nature n'en a jamais fait de plus belle. Il n'est pas de jeune fille ni de reine dont la taille soit mieux formée ni plus belle. Elle avait les lèvres légèrement vermeilles, charnues, faites pour le baiser, les dents menues et régulières, plus éclatantes qu'argent affiné[1]. De sa bouche s'exhale une haleine si douce qu'on en vivrait une semaine ; quiconque la sentirait le lundi serait pour la semaine à l'abri de tout mal. Le cou et le menton sont en harmonie avec le visage. Son teint est d'un blanc beaucoup plus éclatant qu'aucune fleur sur la branche ; son corps aussi bien fait que si un artiste l'avait dessiné. Elle était mince, les hanches basses. Sa manche droite lui allait à merveille[2]. Ses mains étaient blanches, ses doigts effilés, d'une longueur idéale, parfaitement droits.

Nul dans la salle, si avisé soit-il, n'est capable de décider lequel des deux enfants est le plus beau. Tous restent ébahis de leur beauté en les voyant entrer dans la salle. Il n'est pas dans l'assemblée d'homme si dur qu'il n'en verse des larmes d'attendrissement. S'ils avaient osé, ils auraient alors volontiers changé la sentence ! Mais le roi est si furieux qu'il ne ressent aucune compassion pour eux. Il a fait prononcer la sentence en leur présence, puis il les a fait solidement ligoter.

---

[1] V. 2908. La leçon de *B* pour le vers 2908 paraît supérieure : *Blans conme yvoires reparez* (= blanches comme de l'ivoire poli).

[2] V. 2920. Les manches amovibles, de longueur variable suivant les modes, étaient des accessoires importants de l'élégance, souvent mentionnés par les auteurs de romans.

En un plain enmi la cité,
la ont trois serf espris un ré.   2936
Il les a fait andeus mener,
el fu les commande a jeter.
Quant li baron loier les virent,
de totes pars grant duel en firent ;   2940
par grant pitié et par douçor
pleurent el palais li pluisor,
et dïent tot tant mal i furent   [c]
quant sifaitement morir durent.   2944
Se il peüssent et osaissent,
de grant avoir les racataissent.
Li dus qui lor anel trova
quant la pucele le jeta, […]   2948
tenrement pleure de pitié.
Envers le roi s'a aproismié.
Le dolousement qu'il oï
li a isnelement jehi.   2952
Li rois les ra fait apeler
por çou ques veut oïr parler.
Andeus les a mis a raison ;
Flore demande com a non.   2956
Cil li respont : « J'ai a non Floire.
Aprendre ere alés a Montoire
quant Blanceflor me fu emblee.
Or l'ai en cest païs trovee.   2960
Sor sains jurrai que Blanceflor
ne sot quant j'entrai en la tor ;
et, se vos venoit a plaisir,
quant nel sot, n'en devroit morir   2964
Por moi et por li m'ociois,
saciés de fi que çou est drois.
Tote en ai le coupe et le tort,
por moi est el jugie a mort. »   2968
Blanceflor en est molt marie :
« Sire, fait el, je sui s'amie

Sur une esplanade, au cœur de la cité[1], trois esclaves ont allumé un bûcher. Le roi fait amener les enfants et donne l'ordre qu'on les jette dans le feu. Quand les barons virent qu'on les attachait, ils se mirent de toute part à donner libre cours à leur douleur ; la plupart, d'un bout à l'autre du palais, se mettent à verser des larmes de pitié et d'attendrissement, et tous disaient que c'était pour les deux enfants un cruel destin que d'avoir à mourir ainsi. S'ils en avaient eu la possibilité et l'audace, ils auraient donné une fortune pour les racheter.

Le duc qui avait trouvé leur anneau quand la jeune fille l'avait rejeté[2] était ému aux larmes. Il s'est approché du roi et s'empresse de lui rapporter le dialogue touchant qu'il avait entendu.

Le roi a fait appeler les enfants. Il veut les faire parler et les interpelle tous les deux. Il demande son nom à Floire :

— Je m'appelle Floire. J'étais allé à Montoire pour poursuivre mes études, quand Blanchefleur m'a été enlevée. Je l'ai maintenant retrouvée dans ce pays. Je jurerai sur des reliques qu'elle n'était pas au courant de mon intrusion dans la tour. Et si vous le vouliez bien, puisqu'elle n'était pas au courant, elle ne devrait pas mourir pour cela. Tuez-moi et pour elle et pour moi-même, soyez certain que c'est justice. La faute et la responsabilité m'incombent entièrement. C'est à cause de moi qu'elle est condamnée à mort.

Blanchefleur en est très contrariée :

— Seigneur, dit-elle, je suis son amie,

---

[1] V. 2935. On n'a pas quitté le palais (voy. v. 2942) : *cité* a donc ici le sens de 'partie centrale d'une ville', et il faut admettre que l'esplanade s'étend devant le palais, le tout devant être ceint d'un rempart.

[2] V. 2949. Sur le couplet que A a inséré ici, voyez la note au v. 3262.

et je sui par foi l'oquison
por coi il monta el doignon : 2972
se il n'i seüst Blanceflor,
ja ne montast en vostre tor.
Grans dolors ert s'il muert por moi.
Il est d'Espaigne, fius de roi. 2976
Par droit doit vivre et jou morir,
sire, s'il vos vient a plaisir. »
Flores li dist : « Nel creés mie !
Ociés moi, laissiés m'amie ! » 2980
Il lor dist : « Ambedoi morrés
sans demorer, ja n'i faurés !
Jou meïsmes vos ocirrai
et de vos deus les ciés prendrai. » 2984
S'espee tote nue a prise.
Blanceflor saut, avant s'est mise,
et Flores le reboute arriere :
« N'i morrés pas, fait il, premiere. 2992
Hom sui, si ne doi pas soffrir
que devant moi doiés morir. »
Devant se met, le col estent.
Blanceflor par le main le prent : 2994
« Grant tort avés ! » Met soi avant,
son col estent tot en plorant.
Cascuns voloit avant morir,
li autres nel pooit soffrir. 2996
Tot cil grant pitié en avoient
qui tel duel faire lor veoient.
Li baron qui les esgardoient [d]
par la sale molt en ploroient. 3000
Ja n'ert mais fais nus jugemens
dont aient pitié tant de gens.
Lors en ot li rois grant pitié
ja soit çou k'ait le cuer irié, 3004
que cascun valt avant salir
por çou que primes veut morir,

et je vous assure que c'est à cause de moi qu'il est monté dans la tour. S'il avait ignoré que Blanchefleur s'y trouvait, il ne serait pas monté dans votre tour. Quel malheur s'il meurt à cause de moi ! Il est le fils d'un roi d'Espagne. Il est juste que lui vive et que ce soit moi qui meure, seigneur, si vous le voulez bien.

— N'en croyez rien ! lui dit Floire. Tuez-moi, épargnez mon amie !

— Vous allez mourir tous les deux sur-le-champ, leur dit l'émir, et sans délai. Je vais vous tuer de ma propre main et vous couper la tête à tous les deux.

Il a saisi son épée. Blanchefleur s'élance, mais Floire la retient.

— Vous ne mourrez pas la première ! Je suis un homme, je ne dois pas souffrir que vous mouriez avant moi.

Il s'avance et tend le cou. Blanchefleur le tire parla main :

— Vous n'avez pas le droit !

Se plaçant devant lui, elle tend le cou en pleurant. Chacun d'eux voulait mourir le premier, mais l'autre ne pouvait le permettre. En voyant leur douleur, toute l'assistance était bouleversée. La salle retentissait des pleurs des barons qui observaient la scène. Jamais plus ne se tiendra de procès qui puisse émouvoir tant de monde ! Alors le roi, malgré sa colère, en fut tout remué de pitié. Il voyait que chacun tentait de se précipiter pour mourir le premier,

et voit tant tristement plorer
de pitié nel puet esgarder.   3008
Quant Blanceflor a esgardee
de la pitié li ciet l'espee.
Cil qui le voient en sont lié,
pleurent de joie et de pitié.   3012
Et li dus qui trova l'anel
l'a esgardé ; molt li fu bel.
Or voit que lius est de parler.
Molt se paine d'els delivrer.   3016
Dont en apele les barons :
« Signor, fait il, bien deverons
tot consillier a no signor
de cest plait qu'il fust a s'onor.   3020
<Ce set on bien certeinnement
que morir doivent voirement.
Se touz est fez li jugemenz,
de la merci est més noienz. >   3024
Mais de çou qui lor est jugié
me sire ait merci et pitié,
mais que Flores nel çoile mie
que tot son engien ne li die,   3028
comment il entra en la tor
et com il conquist Blanceflor.
Et que dira on s'il l'ocit ?
N'est pas grant los, si com je cuit !   3032
Se il les deus enfans afole,
molt en istra male parole.
Molt vauroit mius, si com j'espoir,
trestot l'engien Flore a savoir   3036
et confaitement il entra
en la tor, et qui l'i aida.
Li rois molt grant pris en aroit,
ce m'est avis, et mius seroit.   3040
Et quant il l'engien en saroit,
contregarder mius s'en porroit.

LE CONTE DE FLOIRE ET BLANCHEFLEUR 159

et ils pleuraient de façon si émouvante que, pris de pitié, il dut détourner le regard[1]. Quand son regard s'arrêta sur Blanchefleur, la pitié lui fit tomber l'épée des mains. Ceux qui voient cela se réjouissent, ils versent des larmes de joie et de compassion. Le duc qui avait trouvé l'anneau a bien vu toute la scène. Il est ravi de la tournure des événements. Il voit que c'est le moment de parler : il fait tout ce qu'il peut pour les sauver. Alors il s'adresse aux barons :

— Seigneurs, nous ferions bien de conseiller notre suzerain de sorte que cette affaire se termine à son honneur. Il ne fait pas de doute qu'ils ont vraiment mérité la mort. Si la condamnation est définitive, de la grâce, il n'en est plus question ! Que Monseigneur leur accorde sa grâce et sa clémence, pourvu que Floire lui révèle sans rien lui cacher par quel stratagème il est entré dans la tour et comment il a réussi à avoir Blanchefleur. D'ailleurs, que va-t-on dire s'il le tue ? Rien de glorieux, à mon avis ! S'il supprime les deux enfants, on dira de lui beaucoup de mal. Il vaudrait beaucoup mieux, je crois, tout savoir du stratagème employé par Floire, comment il a pénétré dans la tour, quels ont été ses complices. La gloire du roi en sortirait grandie, et il s'en trouverait mieux. Une fois qu'il saurait le stratagème, il pourrait plus aisément s'en méfier.

---

[1] V. 3008. *A : de pitié nes puet apeler* semble fautif. La leçon retenue est dans *B*, mais elle est probablement due à une anticipation du verbe à la rime au vers suivant. *B* a d'ailleurs supprimé le couplet suivant.

Ensi fera il s'il est sages. »
Tot dïent ce seroit damages   3044
se il teus enfans ocioit :
« Laist les aler, se il nos croit ! »
Et quant li rois lor los en a,
bel l'en fu, si lor otria   3048
pardon de mort, mais voir en die,
si ciere com il a sa vie
et la vie de Blanceflor,
comment il entra en la tor.   3052
Flores respont : « Voir n'en diroie,
por nul destroit k'avoir en doie,
se ensement ne pardonés,
se sor aus poësté avés,   3056
a tos ceus qui m'i ont aidié
et secourut et consillié. »
Li rois s'en est molt coreciés
et dist : « Ja nen iert otroiés   3060
li plais que vos me requerés.
Certes andoi ançois morrés.
Ja tant n'ere entrepris de plais   [254a]
que cis otrois vos soit ja fais. »   3064
Dont saut uns evesques sor piés,
qui del pardon estoit molt liés,
que on tenoit a forment sage,
si parla oiant le barnage :   3068
« Biaus sire rois, et çou que vaut
se tu l'ocis ? A lui n'en caut !
Fai çou que loent ti baron,
vis m'est que c'est sens et raison.   3072
Flores li enfes ne dist mie
que il soient de ta baillie ;
puet estre gré ne t'en saront
car de ta poësté ne sont.   3076
Mais çou que tu pués pardoner
lor pardone, si fais que ber.

Voilà ce qu'il fera s'il est bien avisé.

Tout le monde convint que ce serait dommage s'il tuait de si beaux enfants :

— Qu'il les laisse vivre, s'il nous en croit !

Voyant que c'est leur avis unanime, il se laisse convaincre et leur accorde la vie sauve, pourvu que Floire, s'il tient à sa vie et à celle de Blanchefleur, lui dise sans mentir comment il a fait pour entrer dans la tour. Floire lui répond :

— Je n'avouerai rien, quoi qu'il doive m'en coûter, si vous ne faites grâce également à tous ceux qui m'ont aidé, secouru et conseillé, si vous avez pouvoir sur eux.

Ces propos ont pour effet d'exaspérer le roi :— Pas question de vous accorder ce que vous me demandez ! Bien au contraire, en vérité, vous allez mourir tous les deux. On aura beau discuter, vous n'obtiendrez pas satisfaction !

Alors se dresse un évêque, qui s'était bien réjoui du pardon accordé.

— Seigneur, à quoi bon le mettre à mort ? Il n'en a cure ! Suis le conseil de tes barons, il me semble qu'il est de bon sens et de raison. Le jeune Floire n'a pas dit que ces gens dépendent de ton pouvoir : peut-être ne t'en sauront-ils aucun gré parce que tu n'as aucun pouvoir sur eux. Mais fais grâce des fautes que tu as le pouvoir de pardonner, ce sera une preuve de magnanimité.

Mieus vaut molt l'engien a oïr
que les enfans veoir morir, 3080
car damages seroit molt grant
s'ensi moroient li enfant,
car de lor biauté n'est mesure.
Plus biaus ne fist onques Nature. » 3084
Tot escrïent : « Boin est a faire !
Otroie lor, roi deboinaire ! »
Ensi prïent trestot merci ;
et quant li rois les a oï, 3088
nes vaut pas contredire tous,
pardone lor, si fait que prous.
Tot li baron l'en mercïerent
et de cel fait molt le loërent. 3092
Molt s'en sont fait li enfant lié.
Flores son conte a commencié
assés haut, que cil de la cort
l'oïrent tot et mu et sort, 3096
et dist comment il a erré
des icel jor que il fu né,
com il l'ama en sa contree,
confaitement li fu emblee. 3100
Le duel qu'il fist lor a conté,
com il issi de son regné
por Blanceflor s'amie querre,
son oirre par mer et par terre, 3104
et com en Babiloine vint,
et com ses ostes cier le tint,
et comment il le consilla,
et comment l'uissier engigna, 3108
com fu portés en la corbeille
(lors tinrent tot a grant merveille ;
li rois meïsmes en a ris),
aprés, com il fu entrepris 3112
dedens la tor et abaubis
quant il fu presentés Gloris,

Il vaut beaucoup mieux entendre le récit du stratagème que de voir mourir les jeunes gens. Le dommage serait immense si ces jeunes gens mouraient ainsi, car ils sont d'une extraordinaire beauté. Jamais Nature n'en a fait de plus beaux !

Tous les barons s'écrient :

— Voilà ce qu'il faut faire ! Accorde-leur ta grâce, noble roi !

C'est ainsi que tous implorent sa merci. Le roi les entendit, et il ne voulut pas aller à l'encontre du vœu de tous ; il accorda le pardon, et il fit bien. Tous les barons l'en remercièrent et le félicitèrent pour cette action. Les jeunes gens en furent tout heureux.

Floire s'est mis à raconter son histoire, à haute voix, de sorte que tous les gens sans exception présents à la cour purent bien l'entendre ; il raconta comment il avait vécu depuis le jour de sa naissance, comment dans son pays il était devenu amoureux de Blanchefleur, comment on la lui avait ravie. Il leur a raconté son désespoir, son départ pour la quête de Blanchefleur sa bien-aimée, et son arrivée à Babylone, l'amitié que lui avait témoignée son hôte, les conseils qu'il lui avait donnés, la ruse par laquelle il avait trompé le portier, comment il avait été porté dans la corbeille —là, l'étonnement fut général, et le roi lui-même se mit à rire !— ; ensuite il leur dit sa surprise et sa stupeur dans la tour, quand on l'eut déposé chez Gloris,

<et com il fu desi que la
que li amiraus les trova. >   3116
Tot a conté, sa raison fine
et humlement le roi encline,
as piés li ciet, merci li crie
por Diu qu'il li renge s'amie,   3120
car se il pert sa drüerie,
dont veut mieus la mort que la vie.
Et li rois a fait molt que prous,
Flore a le main prist voiant tous   3124
et aprés a fait grant francise,   [b]
par le main a Blanceflor prise
et Flore par le main reprent.
Aprés a parlé frankement :   3128
« Je vos rent, fait il, vostre amie. »
Flores molt forment l'en mercie.
Andoi li sont keü as piés,
a grant joie li ont baisiés.   3132
Li rois les a fait redrecier,
Flore veut faire chevalier.
Des millors armes que il ot
le conrea au mieus qu'il pot.   3136
Aprés, quant l'ot fait chevalier,
mener les fait a un mostier
s'amie li fait espouser.
Aprés fait Gloris demander.   3140
Par le consel de Blanceflor
l'a prise li rois a oissor ;
mais Blanceflor molt li pria,
quant Gloris eüe avera   3144
tot l'an, por Diu que ne l'ocie,
ains le tiegne tote sa vie.
Et Flores ausi l'em pria ;
Blanceflor molt grant joie en a.   3148
Et li amirals lor otrie
qu'il le tenra tote sa vie.

et tout ce qu'il avait fait jusqu'au moment où l'émir les avait trouvés. Il a tout raconté. Son récit achevé, il s'incline humblement devant le roi, se jette à ses pieds et lui crie merci : "Pour l'amour de Dieu, qu'il lui rende son amie, car s'il perd celle qu'il aime, il préfère la mort à la vie."

Le roi se comporta alors avec la plus grande générosité. Devant tout le monde il a pris la main de Floire et, d'un geste d'une grande noblesse, il a pris Blanchefleur de l'autre main sans abandonner celle de Floire. Après quoi il a prononcé ces paroles magnanimes :

— Je vous rends votre bien-aimée.

Floire lui exprime sa profonde gratitude. Les deux enfants se sont jetés à ses pieds et les lui ont baisés, sans retenir leur joie. Le roi les a fait relever.

Il veut faire Floire chevalier. Il l'équipe du mieux qu'il peut, avec les plus belles armes dont il dispose[1]. Après l'avoir armé chevalier, il les emmène dans un moutier[2] et il donne Blanchefleur à Floire pour épouse. Ensuite, il fait appeler Gloris ; sur le conseil de Blanchefleur, l'émir l'a prise pour épouse ; mais Blanchefleur le pria instamment, après qu'il aura eu Gloris une année entière, de ne pas la faire mettre à mort et de la garder toute sa vie. Pour la plus grande joie de Blanchefleur, Floire s'associa à cette prière et l'émir leur promit qu'il la garderait toute sa vie.

---

[1] V. 3136. *B* développe la cérémonie d'adoubement (12 vers).

[2] V. 3138. Le *moutier* est peut-être une église, peut-être un temple païen. De même que plus haut *l'évêque* pouvait être un chrétien ou un prélat "païen". Les Occidentaux n'ignoraient pas en effet que d'importantes communautés chrétiennes prospéraient en Égypte et en Orient. La traduction nous obligeant à opérer un choix au détriment du flou cultivé par le poète, on a préféré garder *moutier*. Le même problème se pose au v. 681 et. au v. 522b.

Gloris molt grant joie en a fait,
vers Blanceflor adont se trait, 3152
cent fois le baise doucement.
L'amirals par le main le prent,
corone d'or li fait porter
et comme s'oissor honerer. 3156
Quant par la sale fu moustree,
devant sa gent l'a coronee.
Tot li baron de la cité
a la feste sont assanlé. 3160
Cele feste fu molt joïe,
et bele et boine et molt jolie.
Lyons i betent et grans ours,
grant joie i a de jougleours ; 3164
totes manieres d'estrumens
i sonent dehors et dedens.
Molt grant joie i ont demené
cil qui a la feste ont esté. 3168
N'i ot si povre jougleour
quatre mars d'argent n'ait le jour
et boin ronci et un mantel.
Tot s'envoisent et bien et bel. 3172
Flores son boin oste manda
et le portier pas n'oublia.
A tant fu l'aige demandee ;
li cambrelens l'a aportee. 3176
Quant lavé ont, si sont assis.
Li amirals assiet Gloris
dejouste soi comme s'oissor,
d'autre part assiet Blanceflor. 3180
Flores s'assiet joste sa drue ;
tel joie en a quant l'a reüe,
por estre ocis dont nel laissast
que voiant tous ne le baisaist. 3184
Par le palais auquant s'en rïent [c]
et en riant içou li dïent :

Gloris en fut comblée de joie ; elle s'approcha de Blanchefleur et la couvrit de tendres baisers. L'émir la prend par la main ; il lui fait porter une couronne d'or et la fait traiter avec les honneurs dus à son épouse. Après l'avoir présentée à toute la salle, il l'a épousée devant ses vassaux[1].

Tous les barons de la ville étaient présents à la noce. La célébration de cette fête fut appréciée de tous, elle fut splendide et très joyeuse. On y fait combattre des lions et de grands ours, et une foule de jongleurs y mènent un joyeux tapage. Toute sorte d'instruments de musique y résonnent tant à l'intérieur qu'à l'extérieur du palais. Tous ceux qui ont participé à la fête s'en sont donné à cœur joie. Le plus modeste des jongleurs y gagna quatre marcs d'argent par jour, plus une bonne monture et un manteau. Tous s'amusèrent follement. Floire avait invité son bon hôte, et il n'avait pas oublié le portier.

Là-dessus, on a demandé l'eau[2], et le chambellan l'a apportée. Une fois qu'on se fut lavé les mains, on a pris place à table. L'émir fait asseoir Gloris à côté de lui, comme son épouse ; de l'autre côté il fait asseoir Blanchefleur. Floire s'assied à côté de sa bonne amie. Il est si heureux de l'avoir avec lui que, cela dût-il lui coûter la vie, il ne pourrait s'empêcher de l'embrasser devant tout le monde ! A travers la salle certains en rient et le taquinent :

---

[1] V. 3158. Dans *B*, l'émir fait subir à Gloris, avec succès, l'épreuve de virginité sur le ru de la source et il ne néglige pas le rituel de la fleur sous l'arbre magique avant de l'épouser. Il n'est fait mention nulle part du sort réservé à l'épouse de l'année écoulée...

[2] Il s'agit du service rituel des ablutions prandiales.

« Flores, a cel més vos tenés !
Bien vos fera se vos l'amés ! »   3188
La ot feste joieuse et grant ;
bien i servoient li serjant.
Claré portent li boutillier,
n'i ot hanap ne fust d'or mier ;   3192
en boins hanas ovrés d'or fin
aportoient claré et vin
et espandent par le maison.
Trestot s'enyvrent li garçon.   3196
Ne saveriés més porpenser
que la ne veïssiés porter,
grues et gantes et hairons,
bistardes, cisnes et paons,   3200
niules, oublees, gibelés
et pastés de vis oiselés ;
et quant il ces pastés brisoient,
li oiselet partot voloient ;   3204
adont veïssiés vos faucons
et ostoirs et esmerillons
et molt grant plenté d'emouskés
voler aprés les oiselés.   3208
La oïssiés les estrumens,
vïeles et encantemens.
Molt demenoient grant baudor
a ceste feste li pluisor.   3212
A tant es vos dis chevaliers
qui aportent a Flore briés.
Devant l'amirail s'aresterent
et lui et Flore salüerent.   3216
De son pere noncent la mort
et de sa mere le duel fort :
« Sire, font il, de par tes homes
les plus vaillans ci venu somes,   3220
que en vostre terre venés.
Tote est en pais, tres bien l'avrés. »

— Floire, tenez-vous-en à ce plat ! Il vous fera du bien si vous l'appréciez !

Ce fut là un grand et joyeux festin ! Le service y fut parfait. Les sommeliers apportèrent du vin aux aromates, tous les hanaps étaient d'or pur : dans de précieuses coupes d'or fin ciselées, on servait à profusion à travers le palais vin et clairet. Tous les valets s'enivrent. Vous ne sauriez imaginer un plat que vous n'auriez pu voir servir en cette occasion : grues, oies sauvages, hérons, outardes, cygnes et paons, feuilletés, oublies, ragoûts de gibier et pâtés fourrés de petits oiseaux vivants : quand on brisait les pâtés, les oiseaux se dispersaient en voletant ; alors vous auriez vu faucons, autours et émerillons, et des nuées d'émouchets se mettre à poursuivre les petits oiseaux ! Vous auriez pu entendre les instruments, les airs de vielle et les chœurs ! A ce festin, la plupart des convives s'amusaient comme des fous.

Sur ces entrefaites, voici qu'arrivent dix chevaliers qui apportent à Floire une lettre scellée. Ils s'arrêtent devant l'émir et le saluent ainsi que Floire. Ils annoncent à ce dernier la mort de son père et la douloureuse disparition de sa mère. — Seigneur, nous sommes venus ici de la part des plus hauts de vos vassaux pour vous demander de rentrer dans votre royaume. Il est en paix, vous en prendrez possession sans difficulté.

LE CONTE DE FLOIRE ET BLANCHEFLEUR

Quant Flores ot qu'est mors ses pere,
grant duel en fist, et de sa mere. [...]   3224
Il et s'amie grant duel font.   3249
Vers l'amirail regardé ont,
boinement li ruevent congié,
et il en a son cuer irié   3252
et dist : « Se volés remanoir,
vos arés bien vostre voloir.
Je vos feroie coroner
et riche roiame doner.   3256
Riche roiame vos donroie
et d'or fin vos coroneroie. » [...]
Flores dist pas ne remanroit
mais l'amirail du sien donroit   3260
<tant com li rois en velt et plus.
Son bon anel li rent li dus. >
Li amiraus li racata
sa kiere coupe k'aporta,   3264
qu'il l'avoit au portier donee ;
de cent mars d'or l'a racatee.
Flores a son oste apelé,
molt grant avoir li a doné. [...]   3868
Et une riche coupe d'or
qu'il aporta de son tresor
done a s'ostesse Licoris,
et dis mantiaus que vairs que gris.   3272
Cascun de ceus de la maison
dona u paile u siglaton.
Molt boinement a pris congié
et il l'ont trestout convoié,   3276
et l'amirals le convoia,
au departir molt le baisa.
Li enfes Flores s'en revait,
molt riche convoi li ont fait,   3280
molt l'ont baisié et acolé
et a Damlediu commandé.

LE CONTE DE FLOIRE ET BLANCHEFLEUR 171

Lorsque Floire entend annoncer que son père est mort, il en est profondément affecté, tout comme de la mort de sa mère[1]. Son amie partage sa douleur. Ils se sont tournés vers l'émir et lui demandent congé poliment. L'émir en est désolé ; il leur dit :

— Si vous voulez rester ici, vous aurez tout ce que vous voulez. Je vous ferai couronner roi et vous donnerai un riche royaume. Vous recevrez un riche royaume et une couronne d'or fin. […]

Mais Floire refuse de rester. Il dit qu'il offrirait des présents à l'émir sur son trésor personnel, autant que le roi voudrait bien en recevoir et même plus.

<Le duc qui avait ramassé l'anneau magique le lui a rendu.>[2]

L'émir a racheté pour Floire la belle coupe qu'il avait apportée, celle qu'il avait offerte au portier. Il a donné cent marcs d'or pour ce rachat. Floire fit venir son hôte ; il lui donna beaucoup d'argent, […] et à son hôtesse Licoris il offrit, sur son trésor, une riche coupe qu'il avait apportée ainsi que dix manteaux fourrés de vair et de petit-gris.

A chacun des domestiques il donna une pièce de drap précieux ou de soie teinte.

Il a pris congé avec beaucoup de civilité, et tous lui firent escorte à son départ. L'émir lui aussi l'a accompagné, et au moment de la séparation il l'a longuement embrassé.

Le jeune Floire s'en retourne. On lui fait une riche escorte, on l'embrasse, on lui donne l'accolade et on le recommande à Dieu.

---

[1] V. 3224. Le ms. *A* introduit ici un *planctus* (voyez APPENDICE II B).

[2] V. 3261-62. Ce détail se trouve seulement dans *B* et dans certaines versions étrangères. Il appartient au moins à la rédaction continentale. Dans le récit du procès, *B* avait parlé d'un *roi* et non d'un *duc* (v. 2829 du ms. *A*). Ici le remanieur oublie cette modification et rejoint *A* en parlant d'un *duc* : sa distraction témoigne donc de l'ancienneté de la présente mention, ce qui conduit à supprimer le couplet 2948ab et à adopter la leçon de *B*.

Et il les a salüés tous
com cil qui ert sages et prous.   3284
Flores s'en va liés et dolans,
une eure liés, l'autre pensans.
Forment li poise de son pere
que il est mors, et de sa mere.   3288
De l'autre part joie mena
de Blancefor que o soi a.
Oï avés com ert perdue :
tant le quist que Dieus l'a rendue.   3292
Flores s'en va, s'amie en maine.
Tant a erré a quelque paine
qu'en son païs est revenus
et a grant joie receüs.   3296
Tot li baron contre lui vinrent,   [a]
a l'encontre grant joie firent.
Et la mere de Blanceflor
mena grant joie a icel jor,   3300
car remese ert escaitivee,
dolante, en estrainge contree.
Or est Flores en son païs
a grant joie entre ses amis.   3304
Sa corone li aporterent,
par la flor d'or li presenterent.
Flores se fait crestïener
et aprés a roi coroner.   3308
Por Blanceflor, la soie amie,
mena puis crestiiene vie.
Trois archevesques ot o soi
qui sont de crestiiene loi.   3312
Sa corone li presignierent
et saintement le baptisierent.
Quant il se fu crestiienés,
tos ses barons a apelés,   3316
si lor prie par boine amor
qu'il croient Diu nostre signor

LE CONTE DE FLOIRE ET BLANCHEFLEUR 173

Et lui aussi, modeste[1] et courtois, il les a tous salués.

Floire s'en va, heureux et triste, tantôt heureux, tantôt en deuil. Il est profondément affligé pour la mort de son père et de sa mère. Mais d'un autre côté il est très heureux d'avoir Blanchefleur avec lui. Vous avez entendu comment il l'avait perdue : il l'a tant cherchée que Dieu la lui a rendue !

Floire s'en va, emmenant son amie. Après un long voyage assez éprouvant, il est rentré dans son pays où on l'accueille au milieu de réjouissances.

Tous les barons sont venus à sa rencontre et l'ont reçu avec des manifestations de joie. La mère de Blanchefleur, elle aussi, fut très heureuse ce jour-là, elle qui était restée captive, éplorée, en terre étrangère.

Floire est maintenant dans son pays, au milieu de ses amis qui le fêtent. Ils lui apportèrent sa couronne d'or et la lui offrirent en lui présentant la fleur d'or. Floire se fait baptiser, puis il se fait couronner roi. Pour l'amour de Blanchefleur, sa bien-aimée, il a embrassé le christianisme. Il avait avec lui trois archevêques de la religion chrétienne. Ils lui bénirent sa couronne et lui donnèrent le saint baptême. Une fois converti, il a convoqué tous ses barons et il les supplie affectueusement de croire en Dieu notre Seigneur

---

[1] V. 3284. *sages et prous* : ces adjectifs de sens proche qualifient de manière conventionnelle la bonne éducation du héros.

et croient en sainte Marie,
nel laissent pas, coi que nus die, 3320
et si prengent hasteement
por l'amor Diu baptisement.
Trestot si baron li pluisor
se baptisierent a cel jor ; 3324
saciés que peu en demora,
por lor signor qui lor pria.
A baptisier la gent vilaine
dura bien plus d'une semaine. 3328
Qui le baptesme refusoit
ne en Diu croire ne voloit,
Flores les faisoit escorcier,
ardoir en fu u detrencier. 3332
Quant cel regne ot a Diu torné,
Flores a un duc esgardé,
le plus fort et le plus vaillant,
le plus preu et le plus poissant ; 3336
au plus rice duc de s'onor
dona la mere Blanceflor.
Estes le vos bone eüree ;
molt l'a Fortune relevee ! 3340
Fortune qui l'ot mise jus
tost le ra relevee sus,
quant sa fille voit coronee,
ele rest duçoise apelee. 3344
A Damlediu grasses en rent
et sel mercie doucement.
Chi fenist li contes de Floire.
Dieus nos mece tos en sa gloire ! 3348

Chi fine de Floire et de Blanceflor

en sainte Marie : "Qu'ils n'y manquent pas, quoi qu'on en dise, et qu'ils s'empressent de recevoir le baptême pour l'amour de Dieu. " La plupart de ses barons se firent baptiser ce jour-là. Sachez que puisque c'était leur suzerain qui le leur avait demandé, il y en eut peu qui s'y refusèrent. Pour baptiser le petit peuple, il fallut bien plus d'une semaine. Celui qui refusait le baptême et ne voulait pas croire en Dieu, Floire le faisait écorcher vif, brûler ou écarteler[1].

Une fois son royaume converti, Floire a jeté son dévolu sur un duc, le plus fort, le plus valeureux, le plus brave, le plus puissant : c'est au plus riche duc sa terre qu'il a marié la mère de Blanchefleur. La voilà heureuse ! Fortune l'a bien fait remonter ! Fortune, qui l'avait précipitée au plus bas, l'a fait remonter au sommet, maintenant qu'elle voit sa fille couronnée et qu'elle-même on l'appelle duchesse. Elle en rend grâces à Dieu et le remercie humblement.

Ici s'achève le conte de Floire. Que Dieu nous reçoive tous dans Sa gloire !

---

[1] V. 3331-32. Il convient de considérer comme un lieu commun cette mention, qui paraît détonner dans le contexte de générosité, de tolérance et de mansuétude ; mais c'est aussi le pendant du massacre des pèlerins chrétiens dont s'était rendu coupable le roi Félis au début de l'histoire.

APPENDICE I.

Leçons du manuscrit A rejetées

On trouvera ci dessous les leçons de A rejetées par nous qui ont fait l'objet de corrections ou qui ont été remplacées par les leçons des manuscrits témoins. Lorsque la leçon imprimée n'est pas exactement celle des manuscrits témoins —compte non tenu, en principe, des variantes graphiques dialectales—, cette dernière est donnée entre parenthèses à la suite de leur sigle.

Si une leçon rejetée de *A* est attestée aussi dans *B* (faute commune), le sigle de *B* est noté à gauche du crochet droit.

Les leçons rejetées sont notées sans accents ni cédilles, mais on a introduit les apostrophes pour faciliter les abrègements et la lecture. Les majuscules correspondent à des initiales de vers.

40 de cesaile]*B* — 54 a. mis en son e.]*B* — 63 P. cel p. qu'il voloit prendre]*B* — 111 se prisa]*B* — 114 avant]*B* (Amont traient tretuit lor t.) — 119 i. du r]*B* (s'en issi) — 147 c. avoec l.]*V* (a os) — 148 el paignoit]*V* — 164 li vie]*B* — 166 E. c. que pris avoient]*BV* (grosses *V*) — 174-6 D. l. f. ot non b. Li rois noma son cier fil floire Apprendre le fist a montoire]*V* (num a s. f. e. l. reis f. A sun filz q. sot la stoire) — 185, 313, 328, 410... ele (+1) — 188 *A ajoute* Car ne estoient en .i. jor Il ot nom flore ele blanceflor]*BV* — 189 norist]*V* — 193 En .i. lit tot seul les c.]*B* — 202 letre]*BV* — 212 Jou ne s.]*BV* — 215 a e.]*V* — 216 Cius fu molt lies de la parole *B*]*V* (la *mq*) — *AB ajoutent* Ensamble vont ensamble vienent Et lor (*B* la) joie d'amor maintienent *B (bourdon de B235-6)*]*V* — 218 Que l'un por l'autre mix estoit]*BV* — 221 cose]*BV* — 222 Q. lues a l'autre ne disoit]*BV* (De sai q. l'a. n'aveit *V*) — 231 livres *B*]*V* (lire) — 232 Dona lor s.]*V* — 233 Que d'amor que de n.]*V* (Char d'amur de nurreture) — 239-40 *mq (cf. le bourdon après le v. 216)*]*B* — 258-62 L. d'a. sans contredire Et de cans d'oisiaus et de flors Letres de salus et d'amours L. g. s. d'or et d'argent D. il e. s.]*B* (escrivent) — 265 Ens en .i. an et .xv. d.]*BV* — 315-6 Et que il ne prenge a oissour Cele mescine blanceflour]*BV* (Pur l'amur de b. *V*) — 320 L. r. la

d. respondoit]*V* — 334 *Après ce vers, A ajoute* Et après lui por soie amor Li envoieres blanceflor, *cf.* 339-40]*BV* — 352 mon estre]*BV* — 358 De m. u il fist molt b.]*BV* (De m. ki mult est b. *V*) — 380 a. cose e.]*BV* (en *mq V*) — 381 c. arbre a.]*BV* (entendoit *V*) — 384 b. s'ira g.]*BV* — 388 la semaine]*BV* — 393 venroit]*BV* — 397 Li senescaus a. *cf. 354*]*BV* — 429 a eus o.]*V* (Et auteus vent l. p.) — 430 *Après ce vers, A ajoute* Cil l'acaterent maintenant Car molt ert bele par sanlant]*BV* — 440 fu *mq* (-1)]*BV* — 451 e. fu fais]*V* — 455 Et tos les g. com il nagoient]*V* (cume nojot) — 456 menoient]*V* (a. ki amenot) — 457 c. par d.]*BV* — 465-6 Et ensi l'orent enpense Tot cou vos dit sans fausete]*B* — 473 v. la plus bele f.]*V* — 484 d'escarboucles resplendissans]*V* — 490 A t. et a neel (-1)]*V* — 494 Que il la desus voleroit]*VB* (Q. v. e. et qu'il voloit *B*)

501 q. l'en emporta]*BV* (q. la portat *V*) — 503 a cui m.]*V* — 505 Cha on done p.]*VB* (Ce li d. *B*) — 509 ont bien ovre]*BV* — 537-8 De m. fait et de c. D'or et d'argent et a esmal]*B* (cf. 563-4) — 544 bien seans]*B* — 548 D'or et d'argent molt bien mollee]*B* — 560 reluisent]*B* — 565 ot *mq*]*B* — 570 q. la sont]*B* — 585 .iiii. coriaus]*B* — 586 A .iiii. cors]*B* (Aus quatre) — 587 Et q. li .iiii. v.]*B* — 599 laisse]*B* — 605 foillies — 606 asses g.]*B* (Et de ses flours a. g.) — 612 a. .i. coral brun v.]*B* — 615 Et d'autre p.]*B* — 621 les .ii. a.]*B* — 641 Entre .iiii. a se gisoit]*B* — 652 amecites]*B* (ametites) — 662 s. maistre o.]*VB* (Puis que du roi ot les congiez *B*) — 665 taisent]*BV* (targent *V*) — 699 A m. f.]*BV* — 706 Qui envers flore]*BV* (*cf. 666*) — 712 Puis en plorant prist a parler]*BV* — 713 O i bele banceflor]*BV* (Ahi *B*) — 727 Nus hom ne p. pas d.]*BV* (purrat ascrivre *V*) — 737 Bele estiies]*BV* (Humble estiez *BV*) — 738 *après ce vers A ajoute* En vos n'avoit point de folie Ne nus n'i trova lecerie]*BV* — 742 estrivant]*BVC* — 747 ne seras]*BV* — 756 soutiument]*BV* (sudainement *V*) — 760 *Après ce vers A ajoute* En pais le lais car ne te doute Mais celui prens qui te redoute Eskiu le fais de toute gent Voir molt ovras vilainement (*B* : Contrere fes cil qui te dote Pire ies d'enfant quant il asote Tu fes grant mal a tote gent Cui regardes par mautalent)]*V* — 762 Q. v. vausist a toudis]*BV* (t. me fesis *V*) — 763-4 Et or grignor q. v. m. Et jou t'a. nel v. oir]*BV* (Et si t'a. *B*) — 766 Se te r.]*BV* (Tu r.

V) — 771 pes]*V* (preicz) — 772 A . te heent bien ades]*V* (idunt te cheent ben t. dez *V)* — 785-990 *voy. APPENDICE II*]*BV* — 834 c. torne *(cf. Rose, éd. Lecoy, 11027)* — 991-12 *mqq (A a remplacé ce couplet par les vers 785-990*]*BV* (A. s'e. dreciez e. e. C. c. q. s'a. vet h. *B* — *A. s'e. drece e. astant Devant le pere {= la piere} li anfant V*] — 994 D'a. bien faite m. l'ot c.]*B* — 999 p. coi fu f.]*BV* (Gref f. i. a c. *V)* —

1000 Qui fu messages de c. p.] *BV* (Q. f. me soies a ce p. *B)* — 1002 a mon o. (*B* et o moi bien g.)]*V* — 1003 Des ore fai cou que tu dois]*V* (ore fei que deiz) — 1013 Fui]*BV* (Beau filz *V*) — 1019 Q. m. avoir ne l. t.]*B* — 1025 En infer sans calenge droit]*BV* (Enfer senz chalange *V)* — 1027 M. choas r.]*BV* — 1045 J. s'o. foi que doi diu D'u. g. quant l'aperciu.]*BV* (La [Ja *V*] se fust morz [occis *V*] q. m'apercui [q. le parchui *V*] A [od *V*] u. g. m. trop [tant *V*] p. f.) — 1047 Car a.] — 1053 De .xii. e.]*BV* — 1057 quant le loes]*BV* — 1058 Dites l. d. se vos voles]*BV* (s. e vus *V*) — 1080 *Après ce vers, A ajoute* Quant il l'oi si fu pensis Adont s'est un bien peu assis Puis a sa mere regarde Et li a errant demande]*BV* — 1082 p. savoir] *BV* (Beaus f. f. e. tul poz veir *V* — Fuiz tu le puez moult tost veoir *B)* — 1099 Cou truevon el livre caton]*BV* (Co dist caldes et p. *V)* — 1101 que sera]*BV* — 1105-06 *mqq*]*BV* (Li reis pur nient se penereit Ja autre femme ne espusereit *V)* — 1108-9 Li rois en fu joians et lies quant il le vit et puis iries]*BV* (Quant ce oi moult fu iriez Qu'il li demanda les congiez *B*) — 1114 *A ajoute après ce vers* Li rois quant icou dire oi Forment en ot le cuer mari]*BV* — 1139 Li t. — 1144 piax de m.]*B* (Et de beles pennes martrines) — 1145 a .vii. s.]*B* (aus) — 1147 marcie]*BV* — 1168 b. ma d.]*BV* — 1169-70 Voire fait il en moie foi Li r. li d. un palefroi]*BV* (Et sen demaine palefrai li ad feit enseler li rei *V) —* 1177 Sa c. i. et v.]*BV* (merveille *V)* — 1179 Ens e. f. par entaillure] *BV* (la taillure *V* — Et enz avoit entailleure *B*) — 1193 cavecure (-1) — 1196 *Après ce vers AB ont un couplet supplémentaire* Ne vos puis pas ne ne me plest A aconter que cascune est (N. v. p. p. n. n. m. loit Raconter con chaucune estoit *B*)]*V* — 1198 Asses miex valoient les raignes]*BV* (l'ufraigne *V* — Ce sachiez moult en v. *B)* — 1213 Car v.]*JLL*— 1214 tart que v. n'aies]*V* — 1227 Es les v.]*BV* —1228 Ses homes a bien atorne]*B*

(*V* od lur sumers ben arute) — 1255-6 L. o. c'on clamoit richier S'assist avoec tot sans dangier]*B* — 1263 onera]*BV* — 1262 V. aportent]*V* (muissent) — 1264 Aportent c. v. h. p.]*V* (Muissent cher v.)— 1284 est et wauquerans]*BV* (et el q. *B*) — 1309 Et par verite se vantoient]*BV* (De l'amirant tant en avroient] — 1337 Adont sali .i. p.]*BV* (A t. e. vus q. escuers *V)* — 1338 S'en aporta]*BV* (Quen a. *B)* — 1345 tint]*BV* — 1350 tost]*BV* (froiz *B* — li floz tuit a. p. muntez *V)* — 1354 v. orent t.]*BV* (Que v. a. p. l. t. *V)* — 1357-60 *mqq*]*BV* (Tut cil que en b. i U en ces t. *V)* — 1371-72 *mqq*]*BV* (P. p. par bon amur c. As nes venent sis unt c. *V)* — 1376 Se diu plaist com p. t. p.]*V* — 1377-78 Dont il li avoit devise Vers b.]*V* (C. hum li d. et ad c.) — 1373 Que d.]*BV* — 1387 por faire ester]*BV* (quel f. e. *B)* — 1397-8 L. p. o. veir et esmer .C. l. l. quant il fait cler]*BV* — 1416 Recargie sont tost et isnel]BV — 1431-2 *mqq*]*BV* (P. celui cuit querra n. *B)* — 1439 Fainc a. e. d. (— 1)]*BV* — 1444 M. h. i avoit en t.]*V* — 1446 e. mostrer a.]*BV* — 1457 Et rendre au partir l. a. *B* (au prevost)]*V* — 1448 Por esgarder trestout por voir]*BV* (diront *B*) — 1449-50 *mqq* *B*]*V* (tut *V* ; *corr. Delbouille*) — 1473-74 *mqq*]*BV* (n. menot g. *V*)

1505 s. furent h.]*BV* — 1506 en .i. castel u]*BV* (A une v. *B*) — 1519 a cel cor cornoient]*BV* (O qui li v. cornouent V) — 1520 Et le pontonier a.]*BV* — 1547 l'ot si se redreca]*BV* (Q. ce o. le c. d. *B*) — 1576 Au port]*BV* — 1578 d. port]*BV* (Al ped del pund V) — 1587 t. les d.]*BV* — 1604 U il avoit t. d.]*V* — 1611 S. son cuer et s. c.]*BV* — 1612 remange son lignage]BV — 1614 : *fin du fragment V* — 1630 Et ca es venus de t. t.]*B* — 1646 p. a t.]*B* — 1679 L'o. et sa feme au cler vis]*B* — 1747 amis]*JLL* — 1758 v. cui fius seres]*B* — 1764 enganes]*B* — 1768 B. s. de verte le sacies (+ 1)]*B* — 1775 Li m.]*B* — 1786 A li veoir ne]*B* (Ne valent au ravoir n.) — 1791-92 Li a. en sa j. .C. et .l. r. a mise]*B* — 1797 n'est plus b.]*B* — 1825 Haute est a.]*B* (Hourde est a. con c.) — 1833 Assi i e.]*B* — 1847 a .ii. e.]*B* (cf. 1861) — 1848 C. q. l'assist m.]*B* — 1852 Qui p. celi e. p. — 1857 Par desus m.]*B* — 1871 en l'autre s.— 1893-1904 Tot a degres aval cave Droit en le cambre l'amire Vont les puceles por servir L'amirail tot a son plaisir Par cel degre vienent et vont Les puceles que il semont]*B* (*voy. la note*) — 1900-04 Qui molt sont avenans et beles De grant parage sont iceles Por cou qu'i sont les damoiseles La tor u sont les damoiseles]*B* — 1913 Cil est cruels molt durement]*B* — 1914 Por cou le criement molt forment]*B* — 1915 Del m. sert et]*B* — 1916 Li mastins est fel deputaire]*B* — 1917 Cil qui g.]*B* — 1918 *Après ce vers, A ajoute* Icou vos di jou sans fauser De cou ne l'estuet pas pener]*B* — 1921 Devant l'u. metent u. a.]*B* — 1922 g. ne sont pas f.]*B* — *Après ce vers, A ajoute* Car n'est oisiaus trestout sans gas Qui par son vol i peust pas Entrer por cose qu'il fesist Puis que cil li contredesist De cel portier vos dirai voir Il a en lui molt grant savoir Li rois l'aime molt de son cuer Mais s'il seüst cou a nul fuer Que cil eust vers lui boisie Ne l'eust pas laiens laissie Icil portiers fu molt gaillars Et si fu il molt bien musars Cou vos os bien acreanter Com vos orres ancui conter Si com flores par son avoir Le decut cou vos di por voir Or le laissons de lui ester De l'oste vos vaurai conter Qui de deviser se penoit Tout icou que veü avoit Adont li dist tot de rekief Flores dist il ne te soit grief De cel portier bien te voel dire Qui si garde l'uis et remire — 1948 P. demande les sers des us]*B* (id. *Saga*) — 1954 Voiant tos les sers f. d.]*B* — 1955 Les puceles e.]*B* — 1962 Nust]*B* — 1965 d. encontre un c.]*B* (seur chaucun quernel) — 1966 Par devers destre a u. o.]*B* — 1969 fait]*B* — 1973 n. lion]*B* — 1974 Qu'il n'en soient en soupecon]*B* — 1975 oisiaus a]*B* — 1976 cante]*B* — 1984 Par le v. grant j. f.]*B* — 1986 d. qu'il]*B* — 1990 De cou est bien a.]*B* — 1992 ne veut v.]*B* — 2007 N *initial mq*]*B* (Ne autre arbre c. q.) — 2011 Et des autres (+ 1)]*B* — 2013 Il n'a home m. e.]*B* — 2040 Des p. c'on f.]*B* — 2044 Q. fais est d'or et d. c.]*B* — 2046 Et au p. m. gentement]*B* — 2058 por arester]*B* — 2059 Por bien savoir la quele ara]*B* — 2065 Sel nocioit a g. h.]*B* (Il la n.) — 2066 s. l'amoit c.]*B* — 2073 mors]*B* — 2104 a araison (+ 1)]*B* — 2109-10 *mqq*]*B* — 2116 que porteres]*B* (qu'a li m.) *et JLL* (ju *est une conjecture : une leçon* aliu [= al ju] *a pu être lue* alui, *qui à son tour a été transformé en* a li) — 2135 agent]*B* — 2139 .IIII. o. d'or a l.]*B* — 2151 En menra t.]*B* — 2164 sages]*B* (S'il le fet gel tendre a sage) — 2193-2236 Et floires ensi esploita comme ses ostes li loa Cil le vit molt s'esmerveilla Et por le don l'en mercia Molt li a proie au premier d'a lui juer a l'eskekier Au roc en prist un grant tropel Et dist eskec molt li fu bel Adonques a l'uissiers veu Que il a bien le ju perdu Son avoir rent forment iries Et flores li rent dont est lies Ne juera mais flores dist Tut maintenant del ju en ist]*B* (2228 : M. f. en refist tost liez — 2233 g. meist) — 2237 l'oneure et t.]*B* — 2243-4 *mqq*]*B* — 2245 F. d. Ja or n'en prendrai]*B* — 2299 tornes *B* (*tornez : engins trovez*)]JLL — 2319-20 *mqq*]*B* — 2337 Cil l. m.]*B* — 2342 *A ajoute* Flores quant la pucele oï]*B* — 2344 *A ajoute* Et molt forment s'espeuri]B — 2354 Q. el l'oent]*JLL* — 2355 Celes d.] — 2370 Fille estoit au roi d'alemaigne]*B* (*cf. saga et Diederic*) — 2433-4 L. b. e. de grant doucor Forment les asseure amor]*B* (b. ert d.) — 2435 Q. se baisent n.]*B* — 2437 v. le c.]*B* — 2442 joians — 2461 Seurement iert consentu]*B* (*cf. Floris angl.*) — 2495-6 *mqq*]*B* — 2499 Adont a joie ensanle f.]*B* (*cf. saga*)

2518 Juer sans mal ses abat j.]*B* (revelt) — 2553 c. tout li mont]*B* — 2522 *Après ce vers, A ajoute* Por cou que ne puet estre estable Et fortune torne sans fable *et B* Seur ce qui ne puet estre estable C'est fortune desmesurable]*JLL* (*voy. la note*) —2535 f. juer e.]*B* — 2544 resperi]*B* — 2571 au palais]*B* — 2613 Et *mq* (- 1)]*B* — 2672 *Après ce vers, A ajoute* Quant il le roi devant ex voient Dont cuident bien que morir doient]*B* — 2697-700 Et li senescaus au roi prie Biax sire nes ocies mie Tant que jugie l'aient vo gent ses ociez p. j.]*B* (l'amirant — Les ocie pour vengement) — 2709-10 V. r. et empereour Et d. er c. et aumacor]*B* — 2721 Et qui de droit se deffendra]*B* (defaudra) — 2731 Sa b. fu et bele et ciere]*B* (S. b. iert) — 2763 pucele]*B* — 2735 s. les f.]*B* — 2743 I. matinet mon essient] *B* (p. hui e.) — 2802 Ce puet on savoir sans mentir]*B* — 2853 Ne elydas la f.]*B* — 2859-60 *interversion*]*B* — 2868 se pooit]*B* (poist) — 2869 De l'esgarder se il fust lies]*B* — 2870 M. del p. ert empiries]*B* — 2919 basses les hance]*B* — 2914 p. entraus]*B* — 2948 *Après ce vers, A ajoute* Rendre lor va molt fist que ber Onques nel vaut avant porter]*B* (*voy. note au v. 3262*) — 2949 Tant forment p.]*B* (tendrement) - 2954 c. quil v.]*B* — *Après ce vers, A ajoute* Et cil le font mol liement Qui de lor mort erent dolent]*B* — 2964 sot *mq*]*B* — 2996 Et l'anel ne p. s.]*B* (n. voloit sofrir)

3008 nes pot apeler]*B* (nu puet e.) — 3016 del d.]*B* — 3021-24 *mqq*]*B* — 3036 egien — 3048 B. lor fu]*B* — 3083 Ne de l.]*B* — 3098 nes]*B* (qu'il furent ne) —3115—16 *mqq*]*B* — 3137 Li rois q. — 3143 Et molt humlement li p.]*B* —3203-4 *mqq*]*B* — 3174 l. por p. (- 1)]*B* —3182 q. l'a veue]*B* — 3225-46 *Voy. APPENDICE II*]*B* — 3258 *Après ce vers, A ajoute* Ahi dist il flores amis Car remanes en cest pais Vos seres mes confanoniers Et mes plus prives consilliers]*B* — 3261-62 *mqq*]*B* (T. c. floires e. v.) *et JLL* — 3263-4 Sa ciere coupe k'aporta Et dist qu'il le racatera]*B* — 3285 l. et joians]*B* — 3306 Por la f.]*B* — 3339 E. les v.]*B*

APPENDICE II

Nous donnons ci-après le texte et la traduction de deux développements propres à la rédaction *A*.

Les autres développements —plus brefs— qui sont propres à cette rédaction et que nous avons écartés du texte principal de l'édition sont inclus dans l'APPENDICE I.

- A - [vers 785-990]

[Signor, molt se dementoit Floire. [249c]
Des puis qu'il revint de Montoire,
ne fu liés par nuit ne par jour.
Sa vie est molt en grant dolour. 788
S'il eüst une nue espee,
tost l'eüst en son cuer boutee ;
n'en a nule, ce poise li.
Li rois li va criant merci 792
la roïne tout ensement,
mais n'i valent confortement :
ne puet oublïer Blanceflor,
por li en pleure nuit et jor. 796
Li rois mande un encanteor
ne savoit on a icel jour
nul millor trover ne son per.
Tres bien faisoit home tranler, 800
de la piere faisoit fromages,
encanteres estoit molt sages.
Les bués faisoit en l'air voler
et les asnes faisoit harper. 804
Qui li donast doze deniers,
sa teste trencast volentiers ;
tantost com il l'avoit trencie
et a home l'avoit baillie, 808
demandoit lui : « Ai toi gabé ?
As tu ma teste ? — Oïl, par Dé ! »
çou li respondoit li vilains ;
quant il regardoit en ses mains, 812
trovoit u laisarde u culuevre :
par ingremance faisoit l'oevre.
Quant il ert en grant assanlee,
de son nés issoit la fumee 816
tele c'on nel peüst veoir
ne ja son estre apercevoir ;

[Jeu de Barbarin et tentative de suicide

de Floire dans la fosse aux lions]

Seigneurs, Floire était désespéré. Depuis son retour de Montoire, il n'a plus connu la gaîté ni la jour ni la nuit. Il mène une existence bien douloureuse ! S'il avait eu une lame d'épée, il aurait vite fait de se la plonger dans le cœur ! Il n'en a pas et il le regrette amèrement. Le roi le supplie de le pardonner, la reine également. Mais on a beau le consoler, rien n'y fait. Il ne peut oublier Blanchefleur, pour elle il pleure nuit et jour.

Le roi fait venir un magicien. On ne pouvait à l'époque lui trouver de maître ni d'égal. Il pouvait mettre un homme en convulsions, transformer une pierre en fromage ! C'était un magicien extrêmement habile ! Il faisait voler des bœufs, il faisait jouer de la harpe à des ânes! Pour douze deniers qu'on lui donnait, il n'hésitait pas à se trancher la tête ; il la donnait à un assistant et lui demandait :

— T'ai-je menti ? As-tu bien ma tête ?

— Oui, par Dieu ! répondait le bonhomme.

Mais s'il regardait bien ce qu'il tenait dans la main, il trouvait un lézard ou une couleuvre ! C'était là l'effet de sa magie.

Devant une grande assemblée de gens, il faisait sortir de son nez une fumée si épaisse qu'il disparaissait complètement de leur vue.

tantost com il voloit souffler,
faisoit le palais alumer 820
(çou lor ert vis que çou faisoit) ;
molt les tenoit en grant destroit.
Lors veïssiés homes fuïr [d]
hors del palais por aus garir. 824
Quant issent hors de la maison,
lors le tienent por mal bricon
et quant regardoient arriere
ne veoient nule lumiere. 828
Por fol se tient li plus senés !
Arrier est cascuns retornés
dedens la sale, qui ains ains.
Moines veoient et nonains : 832
cascune none tient son moine
sor son col et un coutel troine.
Or le voient et or nel voient.
Dont sorent bien que fol estoient 836
quant il criement encantement.
Li rois l'apele boinement :
« Barbarin, frere, un ju me fai.
Del mien volentiers te donrai. » 840
Cil dist : « Volentiers, sans defois.
Seés trestout, et vos, dans rois,
vos seés tantost et isnel.
Ja verrés venir un oisel. » 844
Li rois s'assist et l'oisiaus vint.
Or entendés k'en son bec tint :
çou estoit une tourterele,
en son bec tint une roëlle. 848
La roëlle estoit un topace,
qui plus estoit clere que glace
et si estoit doze piés lee.
Une ymage i avoit formee, 852
d'or estoit, grant com un vilains.

Il lui suffisait de souffler, et il mettait le feu au palais (c'était du moins l'impression qu'en avait le public) : les spectateurs n'en menaient pas large ! Vous auriez pu voir alors les gens s'enfuir du palais pour sauver leur peau ! Au moment de leur fuite, ils sont persuadés qu'il est un bien mauvais plaisant, mais dès qu'ils se retournent ils ne voient plus la moindre lueur ! Le plus sensé se tient pour fou. Les voilà revenus dans la salle en se bousculant ; là, ils voient des moines et des nonnes : chaque nonne tient un moine par le cou et brandit un coutelas : un instant ils le voient, l'instant d'après ils ne le voient plus.

Alors ils comprirent qu'ils étaient stupides de craindre des enchantements.

Le roi appelle le magicien :

— Barbarin, frère, fais-moi un tour de magie. Je suis disposé à bien te récompenser.

— J'y consens bien volontiers, répond l'autre.

Asseyez-vous tous, et vous aussi seigneur roi, asseyez-vous. Vous allez voir venir un oiseau.

Le roi s'assit et l'oiseau arriva. Écoutez ce qu'il tenait dans son bec : une tourterelle, laquelle dans son bec tenait une roue. La roue était un topaze ; elle était plus limpide que la glace et large de douze pieds. Une statue y avait été moulée, en or, grande comme un paysan,

Une harpe tint en ses mains
et harpe le lai d'Orpheÿ ;
onques nus hom plus n'en oï 856
et le montee et l'avalee ;
cil qui l'oënt molt lor agree.
A tant es vos un chevalier
mervilleus saus sor son destrier. 860
De cors n'avoit mie deus piés,
de gambes ert si alongiés
assés plus que toise et demie.
Lors cantoit clere melodie, 864
a grant mervelle lor plaisoit.
Flores nul point n'i entendoit.
Trestout mainent joie et baudor
Flores ne puet ; por Blanceflor 868
le ju ne pooit esgarder.
Hors du palais s'en va ester.
Tost en fist percevoir le roi :
« Barbarin, frere, entent a moi, 872
oste tes jus, ne jüer plus.
— Volentiers sire, nel refus. »
Cil deffait son conjurement,
li ju s'en vont isnelement. 876
Çou ert avis a l'assanlee
que la maisons soit alumee.
La terre tranle, vis lor fu,
de la paor sont tout kaü, 880
n'i a si hardi qui ne tranle.
Endormi sont desous un tranle,
fors seul Flores qui s'en issi ; [a]
saciés que pas ne s'endormi. 884
S'amie ne puet oublïer,
en son cuer prent a porpenser
com el disoit : « Dous amis Floire,
aler en devés a Montoire. » 888

et elle tenait une harpe dans ses mains. Elle se mettait à jouer le lai d'Orphée. Jamais personne n'en avait entendu une plus belle exécution, du crescendo comme du decrescendo. Ceux qui l'écoutent sont sous le charme. Sur ce, voici qu'arrive un chevalier faisant des bonds extraordinaires sur son destrier. Il ne faisait pas plus de deux pieds de la tête aux cuisses mais ses jambes s'allongeaient jusq'à faire plus d'une toise et demie ! Il s'est mis à chanter une mélodie qui leur a plu extraordinairement.

Floire n'écoutait rien de tout cela. Tout le monde se divertissait et s'amusait, Floire en était incapable. A cause de Blanchefleur il ne pouvait regarder le spectacle. Il sort du palais. Le roi s'en est aperçu.

— Barbarin, frère, arrête tes tours. Cela suffit.

— Avec plaisir, seigneur ! J'obéis !

Il met fin à ses enchantements. Les illusions se dissipent aussitôt. Les spectateurs croyaient que les bâtiments étaient embrasés. La terre tremble, leur semble-t-il. Effrayés, ils se jettent tous à terre. Le plus brave ne peut s'empêcher de trembler ! Ils sont plongés dans le sommeil, sous un tremble, sauf Floire, qui est sorti. Sachez que lui ne s'était pas endormi. Il ne peut cesser de penser à sa bien-aimée. Il la revoit alors qu'elle lui disait : « Floire chéri, vous devez partir pour Montoire ! »

Çou raconte Flores sovent.
Son cuer avoit triste et dolent,
sovent le veïssiés pasmer ;
quant revient, durement crïer : 892
« Amie bele Blanceflor,
por vos morra a grant dolor
Flores ! » Si se va dementant.
El palais sont trestout taisant 896
et se dorment grant et petit.
Flores est deseur tous maris.
Porpensa soi qu'il s'ocirroit,
car talent de vivre n'avoit. 900
A çou qu'il ert ensi pensans,
esgarde et vit les fosses grans
u li rois ot mis ses lions ;
deus en i ot fiers et felons. 904
Porpensa soi que la iroit
et dedens la fosse sauroit,
as lions se feroit mangier.
La vint, ne vaut plus atargier. 908
Ançois que il entrast dedens,
une orison fist molt dolens :
« Damedieus, peres soverains
qui as tote cose en tes mains, 912
home fesis a ta sanlance,
après li donas habondance
del fruit que avoies plenté ;
tout mesis en sa volenté 916
fors seulement, sire, la pome ;
icele deffendis a home.
Il en manga par son pechié,
par coi nos somes engignié. 920
Par çou somes en tenebror !
Moi et m'amie Blanceflor
metés ensanle en Camp Flori,
biaus sire Dieus, je vos en pri. » 924

Floire ne cessait de ressasser cela. Il avait le cœur lourd et en deuil. Si vous l'aviez vu défaillir à plusieurs reprises, puis s'écrier dès qu'il reprenait connaissance :

— Ma Blanchefleur chérie, pour l'amour de vous Floire va mourir de désespoir ! Ainsi allait-il se lamentant. Le palais est silencieux, tout le monde est endormi. Mais le plus abattu de tous, c'est Floire.

Il prit la décision de se tuer, car il n'avait plus de goût pour la vie. Tandis qu'il songeait à cela, son regard tombe sur les fosses profondes où son père avait mis ses lions. Il y en avait deux, féroces et menaçants. Il eut l'idée d'y aller, de sauter dans la fosse, de se faire dévorer par les lions. Il y descendit, ne voulant tarder davantage. Mais avant d'y entrer il fit, le cœur déchiré, une prière :— Seigneur Dieu, père souverain qui tiens toutes choses en Ton pouvoir, Tu as fait l'homme à Ton image, puis Tu lui as donné à profusion tous les fruits que Tu avais plantés. Tu lui as tout livré à discrétion à la seule exception, Seigneur, de la pomme. Celle-là, Tu l'as interdite à l'homme. Mais lui, il a commis le péché d'en manger, c'est cela qui nous pousse vers le mal, c'est pour cela que nous sommes dans les ténèbres. Mettez-nous ensemble, mon amie Blanchefleur et moi-même, au Champ Fleuri, bon Seigneur Dieu, je Vous en prie. »

Flores a s'orison fenie,
en la fosse entre, molt haut crie :
« Blanceflor, bele douce amie,
por vos vaurai perdre la vie ! »   928
Flores se met o les lions.
Cil se metent a genillons.

   Signor, çou trovons en l'estoire
que molt grant joie font a Floire,   932
les mains li baisent et les piés,
sanlant font cascuns en soit liés.
Flores les vit, si l'en pesa,
ireement les apela :   936
« Lion ! lion ! ocïés moi !
Mais ne serai veüs du roi :
mar m'i envoia a Montoire.
Avoi, lion ! ocïés Floire !   940
Quant li rois seut prendre larons,
ses aviés vos a livrisons.
Or ensement me devourés.   [b]
Lion ! lion ! car m'ocïés ! »   944
Flores ot le cuer molt dolent.
Les lions fiert hardiement
des puins, autre armure n'i a.
Nus des lions ne l'atouca   948
por rien que il lor sace faire.
Dist Flores : « Lion deputaire,
tort avés quant ne m'ocïés,
mieus vail que uns leres assés   952
et molt sui mildres a mangier,
et or faites de moi dangier ! »
Flores demaine grant dolor.
Or oiés de l'encanteor.   956
L'encantement a fait fenir
et les chevaliers desdormir.
Ne sevent u il ont esté,
forment se tienent a gabé.   960

Floire a terminé sa prière, il entre dans la fosse et s'écrie :

— Blanchefleur, ma douce amie, c'est pour vous que vais volontairement perdre la vie.

Floire va au devant des lions. Mais eux, ils se mettent à genoux !

Seigneurs, c'est ce que nous trouvons dans le livre : ils font à Floire un accueil joyeux, lui baisent les mains et les pieds, lui manifestant tous deux leur contentement. Les voyant faire, Floire se fâche. Il les apostrophe avec colère :

— Lions, lions, tuez-moi ! Le roi ne me verra plus.

Il a eu tort de m'envoyer à Montoire. Ah ! lions ! tuez donc Floire ! Quand des voleurs sont pris par le roi, ils vous sont livrés. Eh bien ! dévorez-moi pareillement.

Lions, lions, tuez-moi donc !

Floire était vraiment malheureux ! Il frappe les lions de ses poings, n'ayant pas d'autre arme. Floire a beau faire, aucun des lions ne le touche.

— Sales lions, leur dit-il, vous avez tort de ne pas me tuer ! Je vaux beaucoup mieux qu'un voleur et je suis bien meilleur à manger ! Et voilà que vous faites la fine bouche !

Floire était bien malheureux.

Mais écoutez maintenant ce qu'il advient du magicien. Il a mis fin a son enchantement et il a réveillé les chevaliers, qui se demandent ce qui leur est arrivé et pensent qu'on s'est bien moqué d'eux !

Li rois demande Barbarin :
« Veïstes Floires le mescin ? »
- Biax sire, oïl. Perdu l'avés.
J'espoir que ja mais nel verés : 964
il est en la fosse au lion. »
Li rois l'entent et li baron,
pasmé caient el pavement,
por Flore sont trestot dolent. 968
Li rois commença a crïer :
« Signor baron, sans demorer
alés ocirre les lions !
Las ! caitis ! dist il, que ferons 972
quant nos avons Flore perdu ?
Malement nos est avenu !
Perdu l'avons sans recovrier !
Ahi ! lion ! tristre mangier 976
avés ore pris vraiement !
A la fosse vont erranment,
que il nul point n'i demorerent.
Flore tot vif et sain troverent. 980
Molt sont lié quant il l'ont trové,
hors de la fosse l'ont jeté,
si l'en mainent sus en la sale.
Sa mere estoit por lui molt pale. 984
Ses pere et sa mere sont lié,
Flores n'ot pas le cuer haitié.
Porpensa soi qu'il s'ocirra
ains le vespre, ja ni faura. 988
Ce poise lui que il tant vit
quant il n'a joie ne delit.

Le roi demande à Barbarin :

— Avez-vous vu mon garçon, Floire ?

— Oui, seigneur. Vous l'avez perdu. Je pense que vous ne le reverrez plus : il est dans la fosse aux lions.

Le roi et les barons, à cette nouvelle, s'évanouissent, s'effondrent sur le sol du palais. Tous sont accablés de douleur à cause de Floire.

— Seigneurs barons, s'écrie le roi, allez tuer les lions immédiatement. Hélas, malheureux que je suis ! Qu'allons-nous faire maintenant que nous avons perdu Floire ? Quel malheur pour nous ! Nous l'avons perdu sans recours. Ah lions, quel funeste repas vous avez fait là !

Les barons se précipitent vers la fosse sans perdre un instant. Ils trouvent Floire sain et sauf. L'ayant trouvé, ils sont tout joyeux. Ils l'ont tiré de la fosse et l'ont ramené dans la salle. Sa mère était toute pâle, à cause de lui. Son père et sa mère se réjouissent, mais Floire n'avait pas le cœur en fête. Il prit la décision de se tuer avant le soir, fâché de continuer à vivre alors qu'il n'éprouve plus la moindre joie.

- B - [vers 3235-3248]

« Sages hom et hardis gerriers [254c]
et biaus et larges vivendiers,
Ahi ! fait il, biaus tres dous pere,
et vos, bele tres douce mere, 3228
qui si malement m'atornastes
quant mon pere consel donastes !
Vos li loastes par amor
que vendist bele Blanceflor, 3232
que mes peres voloit ocirre
par mautalent et par grant ire,
et por içou que il cuidoit
que por Blanceflor me perdoit. 3236
Vos saviés bien que je morroie
et que sans li pas ne vivroie !
Vostre boin anel me donastes
quant vos querre le m'envoiastes ; 3240
vos saviés que je la verroie
por vostre anel que je portoie !
Ja mais mere tel ne donra
a son fil, tant ne l'amera. 3244
Dieus face merci a mon pere [d]
et a la roïne ma mere ! »
Flores ensi se dementoit,
molt doucement le regretoit. 3248

[Second *planctus* de Floire (sur la mort de ses parents)]

« Homme plein de sens, guerrier plein de hardiesse ! Dispensateur de beaux et généreux présents ! Hélas ! fait-il, cher et tendre père, et vous, chère et très douce mère qui m'avez mis dans une cruelle situation par le conseil que vous avez donné à mon père ! Vous lui aviez conseillé de vendre Blanchefleur, par amour pour elle, parce qu'il était si contrarié qu'il voulait la tuer, croyant qu'il me perdrait à cause d'elle. Vous saviez bien que j'en mourrais et que je ne pourrais vivre sans elle ! Vous m'avez donné votre anneau magique lorsque vous m'avez envoyé à sa recherche ; vous saviez qu'avec cet anneau au doigt je la retrouverais. Jamais mère ne fera à son fils de don aussi précieux, quelque amour qu'elle lui porte. Que Dieu accorde sa grâce à mon père et à la reine, ma mère ! »

Ainsi se lamentait Floire, exhalant tendrement sa douleur.

INDEX DES NOMS
(personnages, allégories, divinités et lieux)

Certains noms communs sont relevés lorsqu'ils désignent un personnage, à l'exclusion des emplois vocatifs ou qualifiants.

Le nom *Dieu/dieu* n'a pas été relevé.

Absalon 2851.
Agamennon 456.
Alemaigne 2370.
amirail 1443, 1790, 1876, 1926, 1931, 2087, 2372, 2545, 2844, 3215, 3250, 3260, amiral 512, 1309, 1375, 1894, 1897, 2697, amirals 1746, 1779, 1886, 1945, 2039, 2403, 2405, 2557, 3149, 3154, 3178, 3277, amiraus 1550, 1619, 1791, 3116, 3263, amiré 2322, *l'émir de Babylone.*
Amors 373, 1096, 1627, 1647, 1652, 1708.
ante 361, *voy.* Sebile.
Antigone 2854, *fille d'Œdipe.*
apostle 97, *saint Jacques, vénéré à Compostelle.*
archevesques 3311.
Arrabe 656, *l'Arabie.*
Avoirs 752, Richesse (allégorie).

Babiloine (18) 412, 511, 1308, 1331, 1359, 1371, 1406, 1480, 1500, 1533, 1549, 1557, 1562, 1567, 1793, 1795, 1807, 3105, *l'antique cité de Babylone (mais aussi Le Caire).*
Barbarin 839, 872, 961.
Baudas 1394, *Bagdad, censée être ici le port de mer le plus proche de Babylone (= Alexandrie)*
Berte 9, 11, *Berthe aux grands pieds.*
Biblis 1031, *personnage mythologique, Byblis avait conçu un amour coupable pour son frère Caunus ; elle est célèbre pour s'être donné la mort par désespoir.*
Blanceflor (104) 8, 15, 20, 174, 214, 308, 325, 348, 349, 363, 384, 504, 539, 572, 573, 593, 595, 659, 705, 712, 713, 713, 721, 795, 868, 893, 922, 927, 995, 1003, 1005, 1023, 1071, 1164, 1168, 1232, 1270, 1292, 1326, 1427, 1473, 1484, 1494, 1702, 1712, 1735, 1761, 1816, 2077, 2320, 2333, 2358, 2369, 2374, 2376, 2377, 2386, 2387, 2395, 2406, 2422, 2428, 2439, 2449, 2463, 2509, 2541, 2561, 2578, 2589, 2597, 2609, 2649, 2655, 2679, 2686, 2726, 2791, 2807, 2823, 2831, 2843, 2959, 2961, 2969, 2973, 2986, 2992, 3009, 3030, 3051, 3103, 3126, 3141, 3143, 3148, 3152, 3180, 3232, 3236, 3290, 3299, 3311, 3338, Blanceflors 18, 210, 2265, Blanceflour 272, 292, 312, 683.

Bonivent 432, *le royaume lombard de Bénévent, en Italie.*
borgois,
1. 420, 521, *un marchand, sujet du roi Félix, chargé de vendre Blanchefleur (voy.* marceans 1) ;
2. 1234, *l'hôte de Floire au port où il embarque.*
3. 1419, *l'hôte de Floire à Bagdad.*
Bougerie 26, *la Bulgarie.*

Calcide 1099, *Chalcidius, commentateur de Platon et traducteur du* Timée.
cambrelenc, cambrelens,
1. 354, 397, 1149, 1229, *le chambellan du roi Félix ;*
2. 2588, 2633, 2662, 2745, 3176, *le chambellan de l'émir.*
Camp Flori 778, 784, 923, 1022, *le séjour des Bienheureux.*
Castele 1182, *la Castille.*
Cesar 501.
Charlemaine 11.
crestiiene 170, 173, 691, *la mère de Blanchefleur.*
cuens 16, *le père de la mère de Blanchefleur.*

Daires 1679, 1694, 1755, 1771, 2089, 2093, 2176, Dairon 2171, *l'hôte de Floire à Babylone.*
dame,
1. 287, 1061, *la mère de Floire ;*
2. 1081, *l'hôtesse de Floire au port d'embarquement ;*
3. 1716, *Licoris.*
damoisel 709, 1206, 1524, 1677, *Floire.*
damoisele,
1. 179, *la mère de Blanchefleur (V* la ravie *[par mélecture d'une leçon la* *romie *?] ; B* roïne *est fautif) ;*
2. 401, 1111, 2494, *Blanchefleur ;*
3. Gloris 2385.
dansele 1757, *Blanchefleur.*
Dido 1031, *Didon ; s'étant donnée à Énée, elle se donna la mort quand il l'eut quittée.*
dru 2424, *Floire, aimé de Blanchefleur.*
drus,
1. (CS sg) 450, *Pâris, amant d'Hélène ;*

2. (CRpl.) 1034, *Énée et Caunus, en tant qu'aimés de Didon et de Byblis.*

drue 529, 666, 1168, 2424, 3181, *Blanchefleur, en tant qu'aimée de Floire* ; 2546, *la même en tant qu'aimée de l'émir.*

duc, dus,

1. 359, *le duc Joras de Montoire, oncle de Floire* ;
2. 2370, — d'Alemaigne, *le père de Gloris.*
3. 2829, 2947, 3013, 3258, *un vassal de l'émir, favorable aux amants (épisode de l'anneau)* ;
4. 3338, 3341, *un vassal de Floire (il épouse la mère de Blanchefleur).*

duçoise 3348, *la mère de Blanchefleur, après son mariage avec le duc 4.*

Elaine 2853, *Hélène de Troie, voy.* Helaine.

Eneas 495, *Énée.*

escuiers 1146, 1525, *compagnons de voyage et serviteurs de Floire.*

Espaigne 57, 1197, 1468, 2267, 2976.

Eufrates 1989, *un fleuve de Paradis.*

evesques 3065, *dignitaire religieux de la cour de l'émir, plaide pour que le pardon soit accordé aux amants.*

Felis 61, 105, *le roi Félix, père de Floire.*

Floire (13) 175, 241, 319, 785, 887, 932, 940, 998, 1654, 1743, 2479, 2957, 3347, Floires (11) 332, 346, 962, 1713, 2193, 2199, 2208, 2213, 2224, 2228, 2234, Flore (28) 7, 526, 569, 574, 581, 661, 968, 973, 980, 1204, 1299, 1303, 1388, 1454, 1680, 2261, 2296, 2314, 2410, 2683, 2843, 2956, 3036, 3124, 3127, 3134, 3214, 3216, Flores (94) 13, 17, 20, 23, 29, 353, 387, 542, 577, 593, 660, 687, 704, 706, 866, 868, 883, 889, 895, 898, 925, 929, 935, 945, 950, 955, 986, 1225, 1249, 1270, 1311, 1321, 1361, 1402, 1427, 1432, 1457, 1477, 1481, 1493, 1586, 1603, 1615, 1701, 1748, 2085, 2171, 2175, 2243, 2256, 2288, 2293, 2299, 2305, 2315, 2342, 2347, 2406, 2417, 2428, 2450, 2462, 2469, 2489, 2509, 2651, 2679, 2693, 2697, 2791, 2809, 2857, 2979, 2987, 3027, 3053, 3073, 3094, 3130, 3147, 3173, 3181, 3187,

3223, 3251, 3259, 3267, 3279, 3285, 3293, 3307, 3307, 3331, 3334.
   Fortune 2512, 3340, 3341.
   France 10, 12.
   Frise 556, *la Phrygie, célèbre pour ses richesses.*

   Gaides 206, Gaidon 203, Gaidons 327, *maître ès arts libéraux, auquel sont confiés Floire et Blanchefleur.*
   Galisse 60, *la Galice.*
   Gloris 2385, 2395, 2401, 2437, 2449, 2453, 2503, 2506, 2540, 2548, 2553, 2560, 2571, 2581, 2592, 2597, 2609, 2618, 2623, 3114, 3140, 3144, 3151, 3178.

   Helaine 449, 1705, *voy.* Elaine.
   Hongerie 25, 28.
   huissier, huissiers, *voy.* uissier.

   infer 1029, 1033, 1034, *les enfers paiens ;* Infer 1025, *leur personnification.*

   Jake 95, le baron saint —, *l'apôtre saint Jacques (vénéré à Compostelle).*
   Jesus 1488.
   Joras 359, *duc de Montoire, époux de dame Sibylle.*
   Juno 459, 471, *Junon.*

   Lavine 498, *épouse d'Énée.*
   Leda 2853, *fut aimée de Zeus.*
   Lenfer (*ou* l'Enfer ?) 1511, *nom d'un bras du fleuve qu'il faut traverser pour atteindre, sur la rive opposée, Monfélix, sur la route de Babylone.*
   Licoris 1679, 1733, 3271, *épouse de Daire.*
   Lombardie 497, *l'Italie.*

   Maine 12.
   marceans,
1. 428, *voy.* Borgois 1;
2. 1468, marceant 503, 509, 519, 1076, 1426, *les marchands de*

INDEX DES NOMS

Babylone qui ont acheté Blanchefleur ;
3. marceant 1265, 1528 *les compagnons de Floire déguisés en marchands.*

Marie 3319, *la Vierge Marie.*

Marsile 1449, *gouverneur de Bagdad.*

Martin 1268, *saint Martin de Tours, dont la fête était l'occasion de bombances. L'expression habituelle est* avoir l'ostel saint Julien (*il s'agit de saint Julien l'Hospitalier*).

mere,
1. 178, 337, 351, 669, 3303, 3342, *captive chrétienne, mère de Blanchefleur ;*
2. 665, 984, 985, 1008, 1219, 3218, 3224, 3250, 3292, *la reine, épouse du roi Félix, mère de Floire.*

meres 716, *les deux précédentes.*

mescine,
1) *la future mère de Blanchefleur :* 110, 134, 141, 145 (*V* crestine) ;
2) *Blanchefleur* 278, 305 (*V* pulcele), 669 (*AB* pucele), 1040, 1116, 2466, mescines 2662 (*la même et l'inconnue —Floire !— qui dort avec elle*).

Minor 1027, *Minos.*

Monfelis 1512, *Montfélix* (voy. la note

Montoire 320, 358, 786, 888, 939, 997, 2480, 2958, *ville dont le seigneur est le duc Joras, époux de dame Sibylle, tante maternelle de Floire (sans doute Montoro).*

Mors 745, 765, *la Mort, allégorie.*

Naples 121, *capitale du roi Felix (sans doute Niebla).*
Nature 223, 2802, 2902, 3084.
Nubie 2772, *royaume africain, de la mouvance de l'émir.*

Occident 2014.
Orïent 2014.
Orpheÿ 855, *Orphée ;* un *lai d'Orphée est attesté indirectement par l'existence d'un poème en moyen anglais,* Sir Orfeo. *Voy. Jean Frappier, dans* Mél. Le Gentil, *Paris, 1973, p. 285 et ss.*

oste, ostes,
1) 1255, 1317, 1341, 1364, 1365, *l'hôte de Floire au port de mer où il embarque* ;
2) 1459, 1465, 1487, *l'hôte de Floire à Bagdad* :3) 1555, *l'hôte de Floire à Monfélix* ;4) *Daire, le pontonnier de Babylone, hôte et conseiller de Floire* : 1653, 1671, 1676, 1679, 1694, 1714, 2089, 3106, 3173, 3271.
ostesse 1277, 3271, *Licoris, épouse de Daire.*

Pallas 459, 472, *la déese Pallas (Minerve).*
Paradis 1411, 1988, 2020.
Paris 450, 461, 465, 475, 480, 1705, 1710, 2851, *Pâris, fils de Priam de Troie et amant d'Hélène.*
Parthonopeus 2852, *Parthénopée (un des sept chefs argiens qui ont combattu contre Thèbes).*
Paske 163, *la fête des Rameaux (Pâques fleuries).*
pere 177, 662, 665, 985, 1064, 2482, 3217, 3223, 3249, 3291, peres 241, 1624, 3233, *le roi Félix, père de Floire.*
Platon 1099.
portier 3174, 3265, portiers 2103, 2273, 2290, 2300, 2316, *le chef des gardes de la Tour (voy.* uissier *infra).*
Proëce 752, *Vaillance, allégorie.*
pucele (17) 336, 429, 1432, 1471, 1478, 1543, 2948, *Blanchefleur ;*
2. 2344, *Gloris.*
Puille 1828, *l'Apulie.*

Rodomadus 1027, *Rhadamante.*
roi, rois,
1. 7, *Floire ;*
2. 14, 57, 66, 68, 77, 105, 120, 129, 131, 147, 175, 199, 207, 213, 271, 316, 342, 350, 354, 397, 419, 424, 522, 664, 686, 693, 703, 792, 797, 845, 871, 903, 938, 941, 961, 966, 969, 1106, 1108, 1041, 1107, 1123, 1160, 1163, 1169, 1184, 1204, 1218, 2482, *le roi Félix, père de Floire ;*
3. 2587, 2676, 2711, 2619, 2657, 2681, 2772, 2773, 2841, 2950, 2931, 2953, 3003, 3039, 3047, 3059, 3069, 3088, 3111, 3118, 3123, 3133, 3142, 3261, *l'émir ;*

4. 2761, *un vassal de l'émir, qui intervient lors du procès* ;

5. li Rois Poissans 2642, *Dieu Tout-Puissant*.
roïne 109, 133, 135, 143, 146, 149, 158, 277, 283, 303, 400, 409, 523, 695, 793, 1115, 1205, 3250, *la reine, épouse du roi Félix, mère de Floire*.
Rome 437, 500, 1813.

Salemon, *le roi Salomon* ; la trifoire — 562 *travail de ciselure extrêmement raffiné*.
Savoir 1611, Savoirs 751, *Sagesse (allégorie)*.
Sebile 321, 365, *femme du duc de Montoire, tante de Floire* (*voy.* ante).

Tessaile 40, *la Thessalie*.
Thoas 1027, *personnage mythologique, nommé ici à la place d'Éaque, juge des Enfers*.
Troies 444, 496, 2851.

uissier, uissiers, huissier, huissiers 2179, 2219, 2221, 2225, 2235, 2308, 2311, 3108, *voy.* portier.

Venus 458, 473, *la déesse Vénus*.
Vulcans 442, *le dieu Vulcain*.

Yliers 2771, *roi de Libye, un des vassaux de l'émir qui plaide contre les amants au procès*.
Ypomedon 2852, *Hippomédon, un des sept chefs argiens qui ont combattu contre Thèbes*.
Ysmaine, *Ismène, sœur d'Antigone*.

GLOSSAIRE

GLOSSARY

acates 654, *agates.*
acerter 2058, *décider.*
acointier *mettre en relation ;* — *une novele* 402, *bâtir, ourdir une intrigue (?) ;* soi — a auc. 2111, *entrer en relation, faire connaissance, se lier avec qqn.*
aé 197, *âge, époque.*
aficier (afichier), soi — 1346, *se vanter, se faire fort.*
afoler 3033, *abattre, tuer.*
aïr 446, *ardeur, force.*
aliier 2004, *alisier (arbre fruitier).*
ametites 652 *hématites (ou améthystes ?).*
anné 1684, *vin vieux (Godefroy) ou vin de l'année (?) ; voy.* Ogier le Danois, *éd. Eusebi, p. 471.*
apartenir a auc. rien, *convenir à qqch ;* 2914 ; — a aucun 1545, *être un proche de qqn.*
apendre a 1913, *dépendre de, obéir à.*
arrouté 1228, *accompagné d'une escorte.*
artimage 452, *magie.*
arvol 1921, 2465, 2594, *voûte, élément voûté d'architecture ou de mobilier.*
asaveurent 2434, *du vb.* assavorer, *assaisonner.*
asoait 1974, *du vb.* assoagier, *adoucir.*
atoucier (atochier) 597, 948, *toucher, atteindre.*
aumachour 302, aumaçor 1812, 2709, *dignitaire païen, équivalent à un duc.*
avalee 857, *descente de la gamme en chantant.*
avoi 940, 2395, *ah ! hélas !*

baillier 808, *donner.*
baillie 3074, *mouvance, dépendance, pouvoir.*
baloiier 2862, *flotter, en parlant des cheveux.*
balsamier 616, *arbre à baume.*
batel 1523, *barque.*
baudor 867, 3211, *joie.*
benus 609, 1873, 2004, *ébène, bois d'ébène.*
bericles 653, *béryls (sorte d'émeraudes).*
beter 3163, *faire combattre (des fauves entre eux).*

bistardes 1690, 3200, *outardes.*
bliaut 434, 2307, *bliaud (sorte de tunique, vêtement principal, sur lequel on peut porter un manteau).*
bloie 2861, *blonde.*
bogeraste 1684, *boisson composée de miel, de bétoine et de plantes aromatiques.*
bordel 1018, *cabane, habitation misérable.*
bort 1383, *côté du vent.*
braiel 2862, *ceinture, taille.*
bricon 826, bris 2684, *fou.*
briés (*pl. de* brief) 3214, *lettre officielle.*

calcedoine 649, calcidoine 1995, *calcédoine (pierre fine).*
calendre 1980, *calandre (alouette méditerranéenne).*
calengier 1005, *revendiquer, réclamer.*
calenge, *subst.*, 1025, 2090, *opposition, réclamation.*
caser (chaser) 1809 *pourvoir d'un fief, établir (un vassal).*
castie 1010, *du vb.* chastoiier, *délivrer un enseignement, mettre en garde.*
caut 102, 362, 1104, 2091, 2095, 2296, 2298, 3070, *de* chaloir a auc., *importer à qqn.*
caveçüre 1193, *têtière, chevêtre.*
citoual 2010, citouaus 377, *zédoaire (rhizome aromatique).*
claré 1683, 3191, 3194 *vin épicé.*
confanon 147, *bannière destinée à être fixée à l'extrémité de la lance.*
conreer 3136, *équiper* ; soi — *se préparer* (2540 conraee, 2563 je me conroi).
conroi 355, 1389 *équipement, provisions, bagage* ; 1363 *harnais* ; 1170 *frais d'hébergement.*
consïerra s'en — 1122, *du vb.* soi consirer *de se résigner à, renoncer à.*
contençon, par — 1344 *à l'envi, à qui mieux mieux.*
cor 1123, *partic. adv. exhortative (accompagne un impératif).*
coupier 483, *écrin.*
coustume 1463 *impôt, taxe.*
covent 2282 *promesse, parole donnée.*
cresmier 615 *arbre à chrême.*

cretel 1965 *créneau.*
crigne 731, 2861, crine 2887 *chevelure.*
crisolite 651 *chrysolithe, pierre fine.*

dangier *dédain, mépris ;* faire — de 954 *faire la fine bouche, faire le difficile.*
deduire ; soi — *se distraire,* deduie 2114, deduisent 1269, 1347, 2502 *(parfait 6) prendre du bon temps.*
deduit 76, 2485, *jeu, divertissement ;* por le — *pour plaisanter* 1320 ; par — 1694 *en musique (? Voy. la note à ce vers).*
defaillir *ou* defalir 2721 *manquer ;* soi — de 90 *cesser.*
defois *défense, refus ;* sans — 841 *sans contredit.*
delit 990 *plaisir.*
delitable 1869, *agréable.*
delitier, soi — 229, *se complaire, prendre du plaisir.*
demaine 354, 2464, *privé, personnel, propre.*
deporter[1] 35, 247, *se distraire.*
deporter[2], soi — de 276, *se détacher de.*
desdire 2767, *contredire, nier.*
desfulé 2883, 2885, *sans manteau.*
deshaitie (deshaitiee) 2441, *sans joie.*
desroi 2804, *dérèglement, désordre, folie.*
destourbier 1405, *obstacle, gêne, contretemps.*
deviner 161, *recourir à la divination, consulter les sorts.*
dormillant 2543 (*B* dorveillant), *dormir d'un œil.*

el *1284, 1464, 2108, pron. indéf., autre chose.*
embeü 2160, 2251, *imbu, enivré.*
embler 436, 501, *voler, dérober ;* 1486, 1762, 1818, 2268, 2959, 3100, *enlever, séparer (qqn de qqn) ;* soi — 1644 *s'envoler, se sauver.* emousket 3207, *émouchet (petit rapace).*
empaint 1382, *du vb* soi empaindre (en mer), *s'élancer, gagner (le large).*
en' 1658, *particule interrogative*
encouper 2769, *accuser.*
engenuï 14, *parfait (latinisme) du vb.* engendrer.
engignieres 1860, engigneor 2100, *architecte.*

enprains 159, *enceinte.*
ensegne 1589, enseigne 1559, *objet qui sert de signe de reconnaissance.*
entailleüre 1179, *sculpture.*
entente 373, *attaque* ; 2082, 2379, 2520, 2740, *soin.*
ententivement 186, *avec soin.*
entremises, par — 1196, *par intervalles.*
entrepris 1764, *dans l'embarras* ; 3112 *surpris, déconcerté* ; 3063 *sollicité, harcelé.*
envoisier ; soi — 3172, *se réjouir.*
esbanoier, soi — 2254, 2341, *s'amuser.*
escarnir 2274, 2396 *berner, se moquer de.*
escavelee 2890, *les cheveux dénoués.*
escole ; estre a — 215 [*leçon du manuscrit A*] *être heureux.*
eskiec 131, *butin.*
eslegier 1290, *acquitter.*
eslongier 299, *temporiser, tarder.*
esmeré 2908, *pur, affiné.*
Espandant, a — 1262, *en quantité, à profusion.*
espringot 1982, *loriot.*
essoine 1332, 1794, *empêchement.*
estal, *tréteau* ; estaus 1240, *plates-formes sur tréteaux pour exposer la marchandise, par ext. boutiques.*
estormie 1985, *vacarme.*
estour 1884, *bataille.*
estrif 1717, *querelle, débat.*
estriver 462, *débattre, rivaliser.*
estros, estrous, *résolu, décidé* ; a — 289, 2088, *à coup sûr.*
estrumant 1367, *pilote.*
eur 449, *bord, bordure* (voy. our).
eüré, *affecté par le destin* ; bone eüree 3339, *bienheureuse, heureuse.*

façon 2914, *face, visage.*
filate 653, *phyllade (pierre fine).*
fontaine 1704, 1857, 2021, *source, eau de source.*
fontenele 2041, *source.*

GLOSSAIRE 217

gaber, soi - 390, 674, 809, 960, 2367, 2398, *tromper, se moquer, plaisanter.*
gante 1689, 3199, *oie sauvage.*
garingal 378, 2009, *galanga (épice).*
gas (*de* gap *ou* gab) 1020, 1618, 1730, *plaisanterie, mensonge.*
gibelet 3201, *gibier.*
gisarme 1920, *guisarme (arme d'hast munie d'un crochet et d'une pointe).*
got 2494, *voy.* joïr.
gravele 2042, *gravier.* gresillons 2018, *cigales.*
guencir 768, *éviter, esquiver.*
herbé 1264, *vin aux épices.*
hourder 1825, *pourvoir d'un hourd (construction en saillie, en bois, au sommet d'un mur de fortification, d'une tour, à la hauteur des créneaux).*

inde 42, 434, 559, 1177, *bleu indigo.*
ingremance 591, 814, *magie.*

jagonse 649, 1996, *hyacinthes (pierre fine).*
jehir 2952, *avouer, déclarer.*
joïr 2494, 3161 *fêter, accueillir ou célébrer joyeusement.*
jornee 1230, *trajet parcouru en un jour.*

keute 1278, *coude.*
kieles 2449, *particule exclamative exprimant la détresse.*
kis 2330, *enclise de* qui les.
kist 2334, *enclise de* qui est.

lacier 2280, *prendre au piège ;* 1187, *attacher ;* 2882, *lacer, ajuster.*
ladre 1018, *lépreux.*
laisarde 813, *lézard.*
lardé 1687, *morceau de viande situé entre les flancs et l'échine.*
lé 1563, lee 851, 1821, 2101, *large.*
listé 645, *décoré de bandes.*
listes 645, *bandeaux décoratifs.*

los 3032, *gloire* ; 3047, *conseil, approbation.*

maillier 446, *attaquer à la masse, frapper avec une masse.*
maistroier 181, *éduquer, gouverner.*
mandegloire 242, *mandragore.*
mar 402, 939, 1208, *particule énonciative par laquelle le narrateur, ou le locuteur, exprime sa désapprobation des modalités du procès (vb. au passé), ou un échec prévisible (impér. négatif).*
marceant 1259, *adj., riche, luxueux.*
marterin 1144, *en peau de martre.*
mentir 689, *manquer, défaillir* ; 685, *mentir.*
mescin 962, *jeune garçon.*
mescine 110, 134, 141, 145, 170, 278, 305, 669, 1040, 1116, 2466, mescines 2662, *désigne un enfant ou un adolescent de sexe féminin par opposition au* mescin (*comme* vaslet *par opposition à* pucele, *mais ces deux derniers termes peuvent être connotés 'de naissance noble', alors que* mescine *s'applique plutôt à des êtres de statut social inférieur).*
mesel 1017, *malade, lépreux.*
misericorde 1920, *sorte de poignard.*
moi, a — 2460, 2504, *avec la bonne mesure, avec soin, convenablement.*
*moissent (*ms. V* muissent), 1262, 1264, *verser à boire.*
moneés 1139, *en espèces.*
montee 857, *montée de la gamme en chantant.*
moullier 1676, *épouse.*
myrre 1873, *myrrhe (arbre à résine odorante).*

nagier 455, 482, 1527, *naviguer, cingler.*
naie 2183, *négation prédicative à la 1re personne.*
neelé 548, 655, *travaillé en nielle.*
neeleüre 441, *travail de nielle, niellure (émail noir en incrustation dans le métal).*
neïs 1813, *adv., même.*
nen 613, 1609, 1850, 1910, 2644, 2898, 2904, 3060.
niule 3201, *patisserie légère, nuage.*
noiel, a — 1190, *en niellure.*

nonal 675, *négation prédicative.*
noncaloir 364, *absence d'intérêt, indifférence.*
none 833, 2524, *la neuvième heure (milieu de l'après-midi).*
norrir 181, 189, *élever.*
noureture 233, *éducation.*
nouri 717, 185, *voy.* norrir.
novele 122, 335, 416, 1112, 1325, 1431, 1477, *subst., nouvelle ;*
   402, *intrigue ;* 2748, *information.*
novele 576, 1886, *adj., fraîche, vierge.*

ocoison, *voy.* oquison.
oés, a — 147, 1002, *à l'usage de, pour.*
oi nous 1058, *affirmation prédicative de la 4ᵉ personne.*
oirre 1125, 3104, *voyage.*
oirres 1616, oirre 1613, *formes du vb.* errer, *voyager, faire route.*
oir 27, *héritier.*
oisçor 2738, oissor 2066, 2080, 3142, 3156, 3179, oissour 301,
   épouse.
oit 2355, *pft. 3 du vb.* avoir.
okison, *voy. le suivant.*
oquison 2586 *occasion ;* ocoison 323, okisons 1153, *prétexte ;*
   oquison 2813, 2971, oquisons 2722, *cause, raison.*
orbe 485, *sombre, obscur.*
ort 2008, *jardin.*
osterin 433, *teint en pourpre.*
ostoir 3206, *autour.*
oublee 3201, *oublie (pâtisserie).*
oublïé 1753, *distrait.*
our 42, *bord, ourlet (voy.* eur*).*
owan 1541 (= oan), *cette année, récemment.*

partir 720, *attribuer, répartir.*
pautonier 1337, *homme de peine, serviteur.*
penne 1144, *fourrure.*
peuç 2751, *pf. 1 du vb.* pooir.
pikois 1800, *pic (arme de siège).*
piument 1264, 1683, *boisson composée de miel et d'épices.*

plaitoine 1871, plantoine 2004, *platane*.
plongon 1690, *plongeon (oiseau migrateur aquatique)*.
poucin 1440, *poulet*.
presignier 3313, *bénir, consacrer*.
puns 1695, — de grenat (*usuellement* pomes granates), *grenades*.

quarrel, quarel, quariaus ; 1823, 2023, *élément de carrelage taillé dans du marbre, du cristal ou de l'argent* ; 448, *carreau (trait d'arbalète)*.
quis 1387 (*cf.* kis 2330), *enclise de* qui les.
quist 322, *enclise de* qui est.

ré 2936, *bûcher*.
recovrier 975, *secours, remède*.
renvoisier, soi — 1700, *se réjouir*.
repondre, soi — 766, *se cacher*.
reposee, a une — 2432, *d'une seule traite*.
resort 2292, *recours*.
restort 1958, *esquive, moyen d'échapper*.
retraiant ; a — 1383, *avec le reflux (ou 'à reculons' ?)*.
roc 2223, *la tour, au jeu d'échecs*.
roëlle 770, *roue, dans l'expression* torne bien ta — *qui semble signifier 'l'occasion est bonne pour toi' (allusion à Fortune et à sa roue)* ; 848, 849, *bouclier rond*.
ronci 3171, *cheval de charge*.
rover 2508, 2841, 3255, *demander*.

sage, faire — 2483, *informer*.
sardoine 650, 1996, *variété de calcédoine, cornaline*.
semondre 1258, 1896, *convoquer*.
sempres 2104, *aussitôt*.
senekier (= senechier) 2660, *signifier, annoncer*.
seut 941, *du verbe* soloir.
siglaton 3274, *riche étoffe d'origine orientale*.
signori 1936, *puissant, arrogant*.
soffissant 1692, souffissant 1489, *rassasié*.
somier 1136, 1145, 1228, 1406, 1526, *bête de somme, mule*.
sordre 1853, 2021, *sourdre, jaillir*.

sortir de 1016, *échapper à*.
soudement 756, *subitement*.
soussele 1173, *étoffe destinée à protéger le dos du cheval du frottement de la selle*.
soussiel 485, 549, 613, 1015, 2003, *au monde, en ce bas monde*.
soutiument 260, 440, *avec art*.

taus 756, taut 2444, 2523, *du vb.* toudre *ou* tolir, *prendre, enlever*.
tel 1082, *enclise de* tu le.
teke (teche) 2659, *marque, caractère particulier*.
tire 42, *étoffe de Tyr*.
toret 1386, *poulie*.
torpin 1826, 1829, *boule au sommet d'une flèche*.
toute 1449 (*ms. V* rendre tut' a), *taxe*.
trecerie 2482, *ruse, tromperie*.
tref 1385, *voile du navire*.
trifoire, *adj.*, 490, *incrusté* ; *subst.*, 562, *incrustation*.
*troine (*ms.* torne) 834, *bois de troène dont on faisait des manches de couteau*.
truant 2529, *mendiant, gueux*.
turabim 612, *térébinthe, sorte de pistachier*.
vauç 2752, *parfait 1 du vb.* voloir.
vavassor 2710, *vassal d'arrière-fief*.
veons 2768, *subj. prés. 4 du vb.* voier, *envoyer*.
viç 1541, *parf. 1 du vb.* veoir.
violer 2068, *maltraiter, traiter avec violence*.
vivendier 3226, *homme généreux, libéral*.
voleter 494, *battre des ailes*.

wivre (guivre) 1877, *serpent, vipère*.

ysopé 488, *boisson parfumée à l'hysope*.
yvre 1638, *fou, insensé*.

TABLE DES MATIÈRES

                                                            page

INTRODUCTION
I. Les manuscrits... VII
II. Langue et graphies du copiste du ms. *A*........... VIII
III. Langue, patrie et nom de l'auteur.................. XIII
IV. Sources, composition, date......................... XIV
V. Conjointure et sens du *Conte*....................... XVIII
VI. L'espace et le temps................................. XX
VII. Style et versification............................... XXI
VIII. Postérité du *Conte*.................................. XXIV
IX. Toilette du texte et présentation.................... XXVI
X. A propos de la traduction........................... XXVII

BIBLIOGRAPHIE.. XXIX

TEXTES
Texte du manuscrit *A* (pages paires)...................... 2
Traduction et notes (pages impaires)..................... 3

APPENDICE I — Leçons rejetées........................... 177
APPENDICE II — (texte et traduction) 185
A. Jeu de Barbarin et tentative de suicide de Floire
    dans la fosse aux lions............................... 186
B. Second *planctus* de Floire (sur la mort de ses
    parents)... 198

INDEX DES NOMS (personnages, allégories, divinités
    lieux).. 203

GLOSSAIRE.. 213

*Achevé d'imprimer en 2008
sur les presses des Editions Slatkine
à Genève-Suisse*